Un malestar indefinido

Samantha Harvey

Un malestar indefinido

Un año sin dormir

Traducción de Mauricio Bach

EDITORIAL ANAGRAMA

BARCELONA

Título de la edición original:
The Shapeless Unease. A Year of Not Sleeping
Jonathan Cape
Londres, 2020

·

Ilustración: © Diane Parr Studio

Primera edición: abril 2022

Diseño de la colección: lookatcia.com

© De la traducción, Mauricio Bach, 2022

© Samantha Harvey, 2020

© EDITORIAL ANAGRAMA, S. A., 2022
Pau Claris, 172
08037 Barcelona

ISBN: 978-84-339-6493-9
Depósito Legal: B. 5759-2022

Printed in Spain

Liberdúplex, S. L. U., ctra. BV 2249, km 7,4 - Polígono Torrentfondo
08791 Sant Llorenç d'Hortons

A quienes permanecen despiertos por la noche.
Y a quienes he despertado; lo siento.

UN AMIGO: ¿Qué estás escribiendo?

YO: No estoy muy segura, unos textos ensayísticos. Bueno, no son exactamente ensayos. No son para nada ensayos. Son reflexiones.

UN AMIGO: ¿Sobre qué?

YO: No estoy segura. Sobre esto y aquello. Fundamentalmente sobre la falta de sueño. Pero la muerte está siempre acechando.

UN AMIGO: Vaya un tema.

YO: ¿En qué sentido lo dices?

UN AMIGO: Es un tema muy macabro.

YO: Pero todos vamos a acabar...

UN AMIGO: Pero todavía no.

YO: Pero todos, día tras día...

UN AMIGO: Lo que hacemos día tras día es vivir.

YO: En mitad de la vida estamos...

UN AMIGO: Buf.

9

YO:	En mitad de la vida estamos...
UN AMIGO:	¿Y por qué no escribes otra novela en lugar de escribir eso?
YO:	Mi primo murió solo en su apartamento. Creen que cuando lo encontraron, llevaba dos días muerto. No era muy mayor.
UN AMIGO:	Oh.
YO:	No es... Yo... No teníamos una relación muy estrecha.
UN AMIGO:	Qué putada.
YO:	No puedo dejar de pensar en él metido en el ataúd bajo tierra.
UN AMIGO:	Pues sería mejor que dejaras de hacerlo.
YO:	Cuando pienso en eso, me brota de las entrañas una aflicción inconmensurable, un pesar absoluto, como si lo sintiera por todas las personas a las que voy a perder. Como si la muerte de mi primo fuera un umbral que conduce a todas las muertes. ¿Qué es lo que impide que las avispas parásitas y los voraces escarabajos devoren los ojos de mi madre? Soy una niña a la que ella le dice que guarde silencio para coger el sueño, la niña que come tostadas con sardinas junto a ella, la niña que lee con ella un libro de Roald Dahl, la que camina de su mano para ir al

10

colegio y a la que baña pasándome una esponja por la piel llena de urticaria, y ahora me imagino que las bacterias de sus entrañas están devorándole los órganos y está descomponiéndose. Y la aflicción que siento me impide respirar.

La muerte de mi primo ha abierto la puerta a todas las muertes. No puedo respirar ante tanta aflicción futura.

UN AMIGO: [Ha desaparecido.]

*

Medianoche:

Me tumbo en la cama. La cabeza sobre la almohada.

Salgo de la cama; movida por la superstición, recojo la ropa desparramada por el suelo, la doblo, la amontono y la retiro; una de las innumerables pequeñas rutinas que llevo a cabo para evitar una noche en blanco. Una de las innumerables pequeñas rutinas tachadas de superstición, en la supersticiosa creencia de que los actos supersticiosos solo contribuirán a reducir las posibilidades de dormirme, pero que al final me es imposible ignorar. Son del todo necesarias. Ya hace mucho que conciliar el sueño dejó de ser un acto natural y se ha convertido en un acto de magia negra.

Vuelvo a meterme en la cama y leo una antología de cuentos de William Trevor. No tarda en llegar la som-

11

nolencia, como algo que me llama desde la esquina. Noto un intenso y agudo dolor en la parte superior de la cabeza; siento punzadas de agujas de bordar en el cuero cabelludo. Apago la luz y la habitación queda más o menos a oscuras. Oigo un extraño crujido proveniente de quién sabe dónde. El corazón acelera su bum-bum-bum, una ligera percusión en un pecho que se llena de aire. Respira, respira. Y, con la luz apagada, ahí vienen, todos, los sagrados y los aterradores, aquí están.

En un *ars moriendi* medieval el lecho de muerte del moribundo está rodeado de ellos, santos y demonios, todos rivalizando por dominar su alma. Los demonios tratan de arrastrarlo hacia la desesperación; hay uno de aspecto simiesco, con cuernos y un rostro humano en su vientre que sostiene una daga; otro parece un perro con un solo cuerno, una perversa sonrisa y un dedo que llama a acercarse; otro con cabeza de carnero que mira por encima del hombro; otro con pinta de sátiro y nariz ganchuda que no deja de relamerse. Ven con nosotros hacia la muerte, dicen. Renuncia a tu fe y síguenos.

Y en otra imagen aparece el mismo hombre, el sátiro yace desplomado junto al lecho y asoma la pierna de otro demonio que, atemorizado, se ha escondido bajo la cama. De pie junto a la almohada aparecen María Magdalena y, con las llaves del Cielo en una mano, San Pedro. Detrás de ellos, Jesús crucificado, con la cabeza echada hacia atrás por encima del madero horizontal de la cruz, y sobre el cabezal de la cama se ve el gallo de la redención de Pedro, el gallo cuyo cacareo lo despertó de su negación de Cristo y le hizo arrepentirse. Ven con nosotros, dicen el gallo, San Pedro y Cristo, aquí está tu salvación, ven con nosotros al reino de los cielos.

Cierro los ojos y trato de retener la sensación de somnolencia, cuya llamada sigue ahí, tras el latido sincopado del corazón. El corazón, un correoso trozo de carne, anegado de miedo. Pasan cincuenta minutos; ya es casi la una. A esta hora, las noches que logro conciliar el sueño, ya estoy durmiendo; si todavía no estoy dormida, lo más probable es que pase la noche despierta. El sudor es el primer indicio de pánico, como una tormenta que se oye a lo lejos en la planicie, los difusos truenos amortiguados. Tal vez consiga dormir, quizá la tormenta se aleje.

San Pedro sobrevuela con la llave: cógela, dice, te permitirá entrar. Me acerco a él e interviene el Diablo, porque el deseo de dormir es también su negación: cuanto más lo deseas, más difícil es atraparlo. Oigo pronunciar la palabra «avidez» desde algún punto en la oscuridad. «Estás demasiado ávida de sueño.» Jesús está sentado despatarrado, muerto, boquiabierto mirando al techo. Después oigo susurrar la palabra «ven», pero no sé quién la pronuncia. ¿Santo o demonio? No lo sé.

Ten fe, oigo. Ten esperanza.

Pierde la fe, oigo. Abandona la esperanza.

El corazón palpita, el cuero cabelludo se tensa. Mi pequeña habitación está a rebosar. Las palpitaciones de mi corazón son cada vez más sonoras. Hay sacudidas en el aire. Es el revoloteo de las arpías, con las garras

13

en alto y las mejillas hundidas por el hambre, mientras Pedro se acerca furtivamente a mi almohada.

Echada de costado, meciendo la cabeza. La somnolencia se desvanece, como desaparece la imagen al apagar un viejo televisor: se va contrayendo hasta convertirse en un punto. Después, vacío y oscuridad; la inabarcable extensión de una noche en vela.

*

Mi primo está junto a nosotros en un ataúd cerrado, con la piel maquillada de un modo que su palidez parece verosímil y con los ojos y labios sellados con pegamento. Sus venas, antaño moradas por la circulación de la sangre, están ahora paradas y henchidas de líquido de embalsamar, y todos los orificios que quedan fuera de la vista están taponados. El cuerpo está recorrido de puntos de sutura por la autopsia. El cráneo abierto con una sierra y vuelto a cerrar, los órganos extraídos y reemplazados sin gran precisión: el corazón un poco demasiado a la izquierda, los pulmones un poco torcidos (es difícil recolocarlos en la posición exacta), la lengua y la tráquea han desaparecido. Le han lavado y le han peinado. Lleva la camisa abotonada.

Sobre el pecho, *Pole to Pole* e *Himalaya* de Michael Palin.

A mi derecha, mi tía gimotea quedamente con la boca cerrada, produciendo el sonido que emitirías de forma involuntaria si alguien se sentase sobre tu pecho.

Mi primo nació con una deformidad facial, un

bulto que cuando se lo extrajeron le dejó en la mejilla una fea cicatriz, pero quienes lo conocíamos dejamos pronto de fijarnos en ella. Con los años, esa cicatriz se fue difuminando. La mala suerte lo persiguió desde el nacimiento: primero, la cicatriz y, después, la epilepsia, con ataques regulares e intensos. Pero se había enfrentado a su desgraciada existencia con una callada energía; viajó muchísimo durante su breve estancia en el mundo. Fue a lugares remotos y casi siempre lo hizo solo. Amaba Byron Bay, se llevó la bici a Australia y una vez allí cayó en la cuenta (¿cómo no fue consciente de ello antes?) de que el país era demasiado grande para recorrerlo dándole a los pedales.

Tailandia, Indonesia, Birmania, Singapur, Canadá, Mozambique, Rusia, México, Cuba, Brasil, Japón, la mayor parte de Europa (me lo estoy inventando, no recuerdo la lista del panegírico, en ese momento estaba demasiado ocupada contemplando el ataúd a mi derecha y pensando «está ahí dentro, muerto»). Cuando disponía de un fin de semana libre o disfrutaba de una semana de vacaciones, tomaba un vuelo a un destino u otro o se subía a la bici y pedaleaba durante horas, y un sábado en que yo firmaba ejemplares en una librería de Rye, bastante cerca de donde vivía él, me dijo que se acercaría en bici para verme; después me escribió disculpándose por no haberse presentado, le había sido imposible. Aquella fue la última vez que tuvimos contacto. Mi tío le mandó un mensaje de texto con un chiste el día siguiente de su muerte y se inquietó al no recibir respuesta, y a menudo me pregunto si hay algo más triste en el mundo que un chiste sin leer en el móvil de una persona fallecida. Un post de Facebook muestra que había marcado en un mapa una ruta de ciento doce kilómetros en bici que debió de recorrer solo el mismo día en que murió. En el funeral lo vi de niño en el jardín de nuestra abuela, junto al muro bajo, y vi su enorme sonrisa, y lo vi muerto en su cama; no boca abajo, como lo encontraron, sino boca arriba, con la piel injertada arrugándole un poco la mejilla que se había golpeado dios sabe cuántas veces contra el suelo de la cocina o con la pata de una silla.

La epilepsia lo podía matar en cualquier momento, si se golpeaba la cabeza contra el suelo o con el borde de una bañera, si le daba un ataque mientras iba en bicicleta, si se tragaba la lengua o si padecía un ataque y no volvía en sí.

¿Cómo será estar tantísimas veces tan cerca de la muerte? Él, sin embargo, la esquivaba una vez tras otra.

Hasta que lo atrapó, con la muerte basta con que te pille una vez.

*

ESTUDIO DE POSIBLE CASO DE INSOMNIO CRÓNICO POS-BREXIT (IPB):

Paciente: mujer de cuarenta y tres años que siempre ha dormido bien. Afirma haber tenido siempre facilidad tanto para conciliar el sueño como para dormir, unas ocho horas por noche. Mantuvo este patrón incluso en épocas difíciles y estresantes.

La paciente afirma que sus problemas de insomnio empezaron unos meses después de mudarse de casa y empezar a vivir en una calle principal, pues a menudo la despertaba muy temprano el ruido del tráfico. Así le sucedió durante meses y, finalmente, se le alteró el sueño. Asegura que en esa primera etapa todavía no era insomne, tan solo sufría de alteraciones del sueño.

Durante esos primeros meses, esas alteraciones fluctuaban. En junio de 2016 empezaron a ir acompañadas de indignación por el resultado del referéndum del Brexit, lo cual le provocó periodos de angustiante insomnio. En otoño de ese año no solo la despertaba el tráfico de primera hora, sino que le resultaba dificultoso conciliar el sueño por la noche.

Durante este periodo, batalló con rabia y frustración tanto contra el tráfico como contra el creciente sinsentido de la política y se sorprendió a sí misma «discutiendo» (la expresión es de la paciente) con los coches, los camiones, las furgonetas y los autobuses que pasaban por delante de su casa. Era consciente de que no tenía ningún sentido discutir de ese modo y desplegó diversas estrategias de resistencia (tapones para los oídos, generación de ruido de fondo, ingesta de alcohol en una cantidad que superaba ligeramente el límite recomendado) y de aceptación (meditación, mantras budistas, afirmaciones de actitud positiva), pero las mismas resultaron ser de escasa utilidad, y la paciente dice haberse visto sorprendida por fantasías de choques múltiples de automóviles, terremotos y extraños fenómenos cósmicos que obligaran al cierre temporal o permanente de la calle.

En octubre del citado año, sus problemas de sueño se habían convertido en lo que ella misma consideraba insomnio: dificultad para conciliar el sueño y dificultad para permanecer dormida. Acudió a un retiro budista de meditación en silencio y explica la gran relajación que sintió al oír el sonido del viento golpeando la ventana de su habitación y al sentir aquel absoluto silencio, pero no advirtió mejora alguna en cuanto a su sueño. De hecho, fue allí donde detectó por primera vez la existencia de una ansiedad persistente, incluso cuando estaba practicando actividades relajantes y tranquilas.

Al regresar a su casa, recuerda haber coincidido con su vecino en la parada del autobús y que le comentó que su casero había fallecido; la paciente apenas conocía a este hombre, pero lo había visto la semana anterior sacando la basura y la tristeza por su muerte, aunque breve, sí fue auténtica y «un recordatorio de con qué rapidez se nos arrebata a la gente que nos rodea». Ese mismo día, más tarde, recibió la noticia de la separación de su hermana y explica que le impactó, que se entristeció mucho tanto por su hermana como por su pareja, así como por sus tres hijos pequeños. Unos días después, se enteró del fallecimiento de su primo, cuyo cadáver encontraron en su apartamento dos días después de haber muerto. Unos días después le comunicaron que a la pareja de su padre le habían diagnosticado demencia. Una o dos semanas después del funeral de su primo, se enteró de que su padre se había caído de una escalera, se había roto una pierna y no podría caminar durante un año.[1] Sus problemas de sueño empeoraron a lo largo de las siguientes semanas. Aunque vivió un inesperado respiro con el insomnio durante el mes de diciembre de ese año, volvió a aparecer en enero y desde entonces fue empeorando de forma constante. La paciente informa de que pasa muchas noches con tan solo dos o tres horas de sueño, no siempre seguidas, y noches con ausencia total de sueño. Durante este periodo hizo la prueba de dormir en otras habitaciones de la casa y sacó el escritorio del estudio para montar allí un improvisado dormitorio. Eso le supuso un respiro con respecto al ruido, pero no recuperó el sueño. Los remedios para dormir –de venta sin receta (Nytol, Sominex, Dormeasan en gotas, aceite esencial de cannabidiol, polvos de magnesio, flor de pasiflora, estróbilo de lúpulo, melatonina, 5HTP) y bajo prescripción médica (Zopiclona, Diazepam, Mirtazapina)– no le hicieron apenas efecto.

La paciente probó varias terapias, incluyendo visitas a la clínica del sueño CBT, sesiones de acupuntura, un curso de meditación para reducir del estrés, técnicas de restricción del sueño, un diario con frases positivas, su-

1. Cabe preguntarse si estos factores bastaron para desencadenar su insomnio. Se debería valorar la reacción a las muertes de las personas no cercanas a ella. Nótese que en el pasado reciente la paciente ha sido propensa a desórdenes psicosomáticos y a trastornos de hiperreactividad. *(Salvo que se indique lo contrario, las notas son de la autora.)*

plementos dietéticos, abstención de cafeína y azúcar y un aparato para dormir que emite ondas beta y theta para imitar los estadios del sueño. Sus tentativas también incluyeron probar diferentes horas de acostarse y encontrar maneras de ocupar el tiempo durante las horas de insomnio. Explica que las dedicó a aprender francés, componer mosaicos, jugar al solitario, hacer puzles, contar sus respiraciones, escuchar programas de *In Our Time,* podcasts de la Tate, el podcast *The Allusionist,* el audiolibro de *En busca del tiempo perdido,* el programa *Soul Music* de Radio 4, meditaciones hipnóticas online, un CD para identificar los cantos de los pájaros, ver episodios de *Poldark* y *The Crown,* escuchar cánticos en sánscrito y el *Top of the Pops.*[1]

Afirma que pasó de tratar de dormir a tratar de no dejarse dominar por el pánico, y que había noches en que permanecía echada en la oscuridad durante siete horas contando hacia atrás desde mil haciendo saltos de tres números o contando hacia atrás desde cien en francés o en alemán, o canturreando los cantos en sánscrito, cuyas palabras no entendía pero cuyos sonidos, que le parecían relajantes, le resultaban reconfortantes.

Durante todas esas semanas y todos aquellos meses sintió rabia, soledad, desesperación y miedo. Le venían a la cabeza de forma recurrente imágenes de su primo en el ataúd bajo tierra, imágenes acompañadas de palpitaciones y ataques de pánico. La muerte estaba presente en muchos de sus pensamientos y, junto a ella, la preocupación —espoleada por un sueño— de que el

1. ¿Se podría considerar *Top of the Pops* un factor agravante?

viaje hacia la muerte sería terrible y solitario, un «descenso infernal en una oscura lanzadera». La perturbaba la idea de que su primo hubiera sufrido ese viaje y también empezó a imaginar las muertes de sus seres queridos.[1] También informa de haber sospechado sufrir insomnio familiar fatal, una enfermedad hereditaria extremadamente rara que conduce a la muerte prematura.[2] Por las noches se encontraba a sí misma rememorando ciertos episodios de su infancia, no tanto como recuerdos sino como situaciones que revivía, como la marcha de su madre o la muerte de su perra, y estos recuerdos le hacían sentir pena y rabia. Lo equiparaba a la pena y la rabia que sentía como respuesta ante la pérdida –por el resultado del referéndum– de muchos de los valores que antaño consideraba que formaban parte de su país y que le habían proporcionado sensación de pertenencia nacional, orgullo e identificación.[3]

1. Véase Fleming, Feldman *et al.*, «Proliferation of Pointless Mortality Projection Syndrome (PMPS): a Clinico-pathological Study of Thanatophobia and Mental Health Disorders» [«Proliferación del síndrome de proyección sin sentido de la mortalidad: un estudio clínico-patológico de la tanatofobia y los trastornos de salud mental»].
2. ¿Nueva manifestación de hiperreactividad? Valórese que el miedo de la paciente a la enfermedad y la muerte presenta un contradictorio *deseo* constante de enfermedad y muerte a través de su imaginación.
3. Consúltese Smith, Carroll, Walsh *et al.*, «Post Brexit Insomnia: the Effect of Direct Democracy on Circadian Function and the Thalamus" [«Insomnio pos-Brexit: el efecto de la democracia directa en la función circadiana y el tálamo»].

El pánico que había detectado durante el retiro del otoño anterior ya eran intensos ataques nocturnos durante los cuales hiperventilaba, sufría convulsiones y se golpeaba la cabeza con sus propios puños o contra la pared. Comenta que este comportamiento era consecuencia de una cada vez más aguda privación de sueño. El trabajo y la vida social de la paciente terminaron siendo inviables estos meses: no era capaz de trabajar de manera sostenida ni coherente. Apenas veía a sus amigos y dependía muchísimo del apoyo de su pareja. A esas alturas sufría tres o cuatro noches a la semana de completo insomnio y el resto de las noches solo lograba dormir de manera intermitente. Con frecuencia permanecía despierta cuarenta o cincuenta horas seguidas. Los síntomas físicos de la falta de sueño incluían confusión, pérdida de memoria, palpitaciones, graves dolores de cabeza, pérdida de cabello, infecciones oculares y entumecimiento de las manos.

Afirma que esperaba sufrir una crisis nerviosa y que le habría dado la bienvenida. Creía que un episodio semejante, que la acechaba pero no llegaba a producirse, podría suponer para ella un punto crítico que la dejara destrozada, pero así al menos podría liberarse de tanto sufrimiento. Al mismo tiempo, dudaba mucho de que llegase a sufrir una crisis nerviosa, pues sospechaba que por su carácter no era dada a sufrir ninguna, ya que era más bien el tipo de persona capaz de sobrellevar como fuera el dolor y el sufrimiento de manera indefinida.

Afirma que esta sensación se veía reforzada por el hecho de que, por la noche, se sentía cada vez más desatada, como un animal salvaje en una jaula, y se ponía a caminar de un lado a otro, emitía sonidos cargados de angustia y se tiraba de los pelos, un comportamiento que no parecía proceder de su ser consciente, sino de la parte salvaje de sí misma, por debajo o más allá del nivel consciente. Sin embargo, en el día a día, aun agotada y apagada, seguía funcionando con relativa normalidad –aunque con las capacidades reducidas–, con el razonamiento y la perspectiva intactos, con una rabia mucho más moderada (aunque no inexistente) y sin deseo alguno de golpearse la cabeza ni de causar daño alguno a sí misma ni a los demás.

Afirma que no entiende de dónde proviene ese salvajismo nocturno, ni por qué desaparece durante el día. Afirma que ese salvajismo la aterroriza, pero a veces desea que se adueñe de ella y, con intensidad y anhelo, fantasea con la escena de haber sido ingresada en un hospital y estar sedada o, tras haber sufrido una crisis nerviosa que la ha dejado postrada, estar rodeada por sus seres queridos. Explica que en esa escena no se ve a sí misma, pues está completamente oculta por quienes la están cuidando y, hasta tal punto está subyugado su ser a la apabullante fuerza de esos cuidados, dice, que carece por completo de autonomía, necesidades y deseos.

*

23

Querido primo Paul:

Te escribo sin asomo de frivolidad. Te escribo para contarte lo que Google dice que deberías esperar de tus primeros días, semanas y meses como muerto. Te escribo para evitar que te decepcione tu destino. Ojalá pudieras responderme a esta carta.

Un cadáver en un ataúd enterrado tarda medio siglo en descomponerse hasta convertirse en polvo (¿es una buena noticia?, a mí de algún modo me lo ha parecido). El fémur, en el que tanto confiabas hasta hace unos días, cuando decidiste dar un paseo en bici, peleará sin tregua bajo tierra y superará la desintegración tanto de su encantadora vara con aspecto de tronco de árbol como de su pulido borde que permite el movimiento de la rodilla; se aferrará a su curva sutil incluso cuando el tuétano se deteriore y el hueso se resquebraje. Sin nada que pueda romperlo, yacerá en la oscuridad como una radiografía evanescente, desintegrándose, sí, por supuesto, desintegrándose, pero todavía ahí, mostrando así la permanencia de tu ser material. Durante cincuenta años.

Sin embargo, tu rostro... Tu rostro, ese rostro tuyo con la cicatriz en la mejilla, con ese punto en el que el labio superior se pliega con pulcritud para formar un puente entre las fosas nasales y con esa maravilla que acaece cuando, llevado por la curiosidad, alzas la mirada repentinamente y los años se desdibujan y pareces el niño que fuiste. Tu rostro y sus millones de instantes de vida se desmoronarán y se pudrirán y, en pocas semanas, costará muchísimo reconocerte en ese cadáver.

Antes de que te enterrasen, tus órganos ya se estaban descomponiendo; ese proceso comenzó casi de inmediato, esos días en que permaneciste en la cama, antes de que te encontrasen. *Autolisis:* autodigestión. Las bacterias de tus intestinos empiezan a devorar las células muertas y aparece en el abdomen una mancha verdosa. Después esas bacterias se dispersan por el estómago, el pecho, los muslos, las piernas...

Qué milagro más quimérico es la vida, que contiene en sí misma todo el salvajismo de la muerte: esas bacterias no nacieron en el momento de la muerte, siempre estuvieron ahí y siempre quisieron devorarte, y tus células siempre contuvieron en su interior los enzimas que ayudarán a tu descomposición. Solo tu ansia por sobrevivir las mantenía a raya. ¿Sabías de su existencia, fuiste alguna vez capaz de detectar en tus entrañas el apabullante arsenal que almacenabas ahí dentro?

Y de pronto se desencadena la guerra y esta llega a su fin y empieza el proceso de dejar de existir. Las bacterias actúan como un enjambre en tus entrañas y, al ir digiriéndote, liberan gases que hacen que te hinches como una masa con levadura y, tres o cuatro días después de tu muerte, empiezas a oler y te has convertido en una vibrante y móvil masa cargada de actividad. Metano, olores, hinchazón, mutación, la lengua huye de la boca, emergen unos fluidos por la nariz, otros, procedentes de los intestinos, por el recto, hay un florecimiento, una explosión a cámara lenta, la más antigua, eficiente y venerable operación de limpieza de la vida está en pleno apogeo.

Qué improbable trabajo en equipo, con la incansable energía de los personajes de Disney. Ay-ho, ay-ho, el optimismo y el sincronismo de un ejército de enanitos, una pizca de polvo desvanecedor, una canción coral mortuoria, una transformación y, bibidi-bobodi-bú, hete aquí, los dedos que hacía poco estaban azulados comienzan a teñirse poco a poco de negro y la explosión se detiene con la misma lentitud con la que había empezado y disminuye la liberación de gases y el cuerpo se desmorona, se alcanza un clímax, la carne se afloja, las primeras tropas se retiran y, si no nos han embalsamado, transcurridos tan solo unos quince desde nuestro fallecimiento, entramos en la siguiente etapa: *la negra putrefacción*. La carne se torna lechosa salpicada de moretones, el cuerpo yace en un lecho de fluidos, hacen su aparición los grandes escarabajos carroñeros, los gusanos, las avispas parasitoides...

Pero tú estás embalsamado, durante estos quince días no te ha sucedido nada de todo eso. Todavía no, mi querido primo. Estás a salvo en la noche eterna de tu ataúd, lejos (y sin posibilidad de retorno) de todas las personas a las que quisiste, con el cráneo serrado por la mitad.

Primo Paul, primo Paul.

Al final de la página web en que me he informado de los detalles de tu inevitable descenso a la putrefacción, se lee:

26

«Si te niegas a aceptarlo, plantéate seguir una terapia online con BetterHelp. ¡Merece la pena!»

*

—Voy a explicarte el ciclo del sueño. ¿Sabes cómo funciona el ciclo del sueño?

—La verdad es que no.

—Te dibujaré un diagrama.

—Me siento...

—Ansiosa.

—Y rabiosa.

—La rabia no nos sirve de nada cuando queremos dormir.

—Lo sé.

—Digamos que este círculo representa el ciclo del sueño completo. Todo el ciclo dura unos noventa minutos y una persona que duerme bien completará unos cinco ciclos a lo largo de la noche. Este segmento de aquí se llama fase 1 y es lo que llamamos sueño ligero; después viene la fase 2, que denominamos sueño intermedio. ¿Me sigues? Si valoramos la totalidad, esta es la fase más larga y pasamos la mayor parte de la noche en ella. Es muy relajada y nos provee de un sueño agradable y revitalizante para el cuerpo, pero no es la fase más reparadora. La más reconstituyente es la fase 3, el sueño profundo. Cuando estás en esta fase, el ritmo cardiaco se ralentiza y no te despertarás a menos que algo o alguien te moleste y, aun así, resultará difícil despertarte. En los dos primeros ciclos, esta fase dura alrededor de media hora, pero con cada nuevo ciclo se va acortando, de modo que cada vez permanecemos menos tiempo en la misma. ¿Me sigues? Y entonces aparece la fase que llamamos sueño REM, la fase 4. En esta fase soñamos y, en cierto modo, resulta ser opuesta a la fase del sueño profundo. El ritmo cardiaco se acelera y, con cada nuevo ciclo, esta fase se va alargando. La primera vez dura unos diez minutos, pero en el último o en los dos últimos ciclos, dura una media hora. Y, a continuación, volvemos a la fase 1, sueño ligero, casi despiertos. En esta fase, podemos despertarnos en mitad de la noche. A menudo nos sucede. Eso es natural y normal incluso para una persona sin trastornos del sueño. Y entonces el ciclo vuelve a comenzar.

–...

–Lo que buscamos es que logres mantener varios ciclos completos de sueño y alargues un poco la duración total de la fase de sueño profundo.

–La cuestión es que todo es un desastre, sufro mucho. Quiero ayudar a mi hermana, a mi padre, a mi madrastra, pero la falta de sueño me deja tan exhausta que apenas logro funcionar. Todo me agobia. La familia, el no dormir. He dejado de escribir. Voy a la universidad y doy clases sin haber dormido nada, me siento en el aula y empiezo una frase sin tener ni idea de qué palabra viene a continuación y cómo me las voy a apañar para terminarla. Me siento la piel. Está demasiado tirante.

–¿Dirías que la falta de sueño afecta a tu salud mental?

–Estoy desesperada, quiero saber cuándo va a ter-

minar todo esto. Quiero poder ayudar a mi familia. Podría lidiar con ello si supiera que tendrá fin algún día, si alguien pudiera garantizármelo.
–Yo no voy a garantizártelo. Aquí no se trata de tapar un agujero con yeso, se trata de ayudarte a modificar tu comportamiento y tus pensamientos.
–No sé qué problema hay con mi comportamiento y mis pensamientos.
–Estamos aquí para averiguarlo.
–Hasta ahora no había necesitado pensar de un modo u otro, dormía, no necesitaba generar pensamientos especiales para poder dormir.
–Tienes que convencerte de que vas a ser capaz de dormir de nuevo.
–¿Desde cuando el sueño es una cuestión de fe?
–Debes intentar transformar tu negatividad en pensamientos positivos.
–Quiero garantías.
–Resulta fácil caer en el patrón del «sí, pero». Cada vez que se nos ofrece ayuda, la respuesta es «sí, pero». Debes salir de ese patrón. Adoptar una mentalidad de «sí», no de «sí, pero».
–Sí.

*

Pero... Ahora intentad mantener una actitud positiva cuando habéis dormido un total de cinco horas en las últimas tres noches. Intentadlo.
Permanezco echada en la cama repitiendo la palabra durante horas. Sísísísísísísísísísísísísísísísísísí-

29

sísísísísísísísísísísísísísísísísísísísísísísísísísísísísísísísí-
sísísísísísísísísísísísísísísísísísísísísísísísísísísísísísísísísí-
sísísísísísísísísísí.
¿Cómo se deletrea S í?
Sí.
¿Cómo se deletrea O J O S?
Ojos.[1]
Sísísísísísísísísísísísísísísísísísísísísí.
Ojosojosojosojosojosojosojosojosojos.
Sísísísísísísísísísísísísísísísísísísísísí.
Ojosojosojosojosojosojosojosojosojos.
Cierralosojoscierralosojoscierralosojoscierralos
ojoscierralosojoscierralosojoscierralosojos.
Cierra los ojos.
Ciérralos, sí.
Sí.
¿Sí?

*

Aunque soy polvo y cenizas, duermo el sueño de los ángeles.
Así comienza mi última novela, recientemente
publicada. No conozco a la persona que escribió esta
frase. La persona que la escribió no sabía nada. No
tenía ni idea de nada.
Aunque soy polvo y cenizas no son ni siquiera palabras suyas; se trata de las primeras palabras de las *Con-*

---

1. El original juega con la similitud en inglés entre *yes* («sí»)
y *eyes* («ojos»), y a partir de ahí hace un juego de palabras: *Yes,
E-yes. (N. del T.)*

30

fesiones de San Agustín. *Duermo el sueño de los ángeles* sí son sus palabras, pero ni sabe nada de ángeles ni sabía por entonces nada sobre el sueño (del mismo modo que un pez tampoco sabe nada sobre el agua), se limitaba a aventurar especulaciones, estaba muy verde. *Pero esa noche el sueño fue irregular,* escribió. Pero cuando escribió eso ella no sabía nada sobre sueño irregular. Conocía la palabra «irregular» y sabía que era un adjetivo que podía aplicarse a muchas cosas, incluido el sueño, pero no sabía lo que era el sueño irregular. Ahora está estupefacta por lo fraudulentas que son las palabras. Cada palabra reivindica su propia autoridad y cada palabra ansía ser tomada en serio, y leemos las palabras de otras personas y encontramos en ellas algo con lo que identificarnos, solaz en una experiencia compartida. Pero no tiene por qué haber ninguna experiencia detrás de una palabra. Una palabra puede ser una sombra no proyectada por ningún objeto.

Últimamente, cuando leo en una novela que alguien tiene problemas de sueño, el corazón me da un vuelco y me siento unida primero al personaje y después al autor, como si la capacidad de escribir esas palabras garantizase un conocimiento de las palabras escritas. Sin embargo, una palabra no es más que una sucesión de letras conectadas a una idea. La idea no tiene por qué estar conectada a nada de este mundo. Puedes ser rico en palabras y pobre en experiencias y puedes lanzar palabras, palabras y más palabras y, de algún modo, convertir eso en tu modo de vida.

Esa noche el sueño fue irregular, escribió nuestra pequeña estafadora. Se suele hablar mal de los autores que escriben sobre temas que no conocen a fondo y todavía se habla peor de los que se apropian de la experiencia de otros grupos que es imposible que conozcan de verdad –un hombre blanco apropiándose de la experiencia de una mujer bangladesí; una mujer sin hijos, de la de una madre–, pero nadie me quitó el bolígrafo de la mano cuando yo, que dormía a pierna suelta, encontré en mi cerebro la idea de la falta de sueño. Para escribir ficción tienes que ser cómplice de un fraude organizado, el blanqueo de experiencias en el paraíso fiscal de las palabras.

Nuestra pequeña estafadora poseía mil palabras más que experiencias: se vio obligada a mentir. No creáis nada de lo que dice. Una palabra puede formar parte de una herencia. Se puede utilizar sin haberla ganado uno mismo.

*

1 de la madrugada:

Ahora, acuéstate. Solo tienes que acostarte aquí. ¿Y? Basta con que permanezcas acostada. Piensa en cosas agradables.

El cielo en Francia: tan vasto, tan plagado de estrellas que cuando bajamos del coche nuestras miradas se alzaron hacia él, lo hicimos los dos al unísono, y nos quedamos contemplándolo boquiabiertos y en silencio. La Vía Láctea era un arco enorme y bien visible curvado sobre nuestras cabezas y las estrellas –una cantidad abrumadora de ellas– realmente parpadeaban.

32

Los atardeceres en Francia, un ardiente horizonte rojizo con la difusa luna encima, como una polilla que huye del humo de una hoguera; Venus, Marte, Júpiter y Saturno visibles todos a la vez. Murciélagos saliendo de la torre en ruinas del castillo medieval revoloteando sobre nuestras cabezas antes de regresar a su escondrijo. El lejano canto de los grillos. Mi bañador colgado de la barandilla del balcón, dado de sí por el cloro y por haberlo usado tanto, dado de sí después de dos meses nadando.

Pienso en la natación. Tengo una caracola que me trajeron de Omán, una caracola suave y blanca que me cabe en la palma de la mano y he empezado a cogerla por la noche. De tanto en tanto la suelto el tiempo suficiente como para que vuelva a enfriarse. Pienso en la natación, ir de un lado a otro de la piscina, siguiendo las corcheras. Mi estela bajo el agua, mis manos siempre jóvenes y relucientes. Sé agradecida por todo lo que tienes. Estar aquí estirada, evocando los atardeceres y la natación y los planetas y las estrellas, ¿de qué tienes miedo? Intenta tranquilizarte y trata de relajar tu ritmo cardiaco.

Existe algo llamado «perdón nocturno», que es el acto de desembarazarse de todos los errores, todas las culpas, toda la vergüenza, todo cuanto dura la noche. Los aparcas fuera de la habitación. De una en una perdono a todas esas cosas en las que puedo pensar en esos momentos: a los coches por pasar a demasiada velocidad, a las grajillas por saquear el comedero para pájaros, al universo por torturarme. De pronto, recuerdo a mi padre haciéndome trenzas cuando tenía nueve años, unas semanas después de que mi madre se marchara. Con sus enormes manos curtidas y llenas de cicatrices de albañil, me hacía trenzas.

La una y media, las dos menos cuarto. Intento recoger ciruelas que han caído de un árbol al suelo de un restaurante, ciruelas color borgoña, muy maduras, algunas pisoteadas. De manera simultánea me llega la percepción de que debo estar soñando y, por tanto, medio dormida y, al ser consciente de ello, experimento un fugaz instante de triunfo –¡Estoy dormida!– antes de despertarme.

Por la noche no miro el reloj, pero he pasado tantas noches despierta que suelo acertar apenas con un margen de error de diez o veinte minutos; conozco la textura de las horas que se van sucediendo y la textura de mis pensamientos a medida que la noche los va erosionando. A estas alturas empiezan a mostrar signos de desgaste. Las llamadas a la calma derivan en frustración. El perdón ya resulta risible y todas las cosas que recibieron mi perdón y deberían haberse quedado fuera de mi habitación están sobrevolando alrededor de la cama, no muy contentas, como si necesitaran algo más de mí.

Quiero volver al sueño de las ciruelas. Abro mucho los ojos y los vuelo a cerrar con la esperanza de que así mis párpados vuelvan a sentir la pesadez. Al menos he soñado con ciruelas, lo cual significa que he dormido algo: eso es bueno. Pero ha sido un sueño de cinco o seis minutos: eso no es bueno. ¿Quién puede sobrevivir durmiendo solo seis minutos? ¿Cómo puedo hacerlo yo?

Dejo caer la caracola. Frustración y rabia. Pero no sirve de nada indignarse, de nada. Piensa en Venus y en la Vía Láctea y en todo el espacio, en todo el espacio del mundo, del universo, de nuestros cuerpos, de nuestras mentes. Todo está hecho de espacio y es más espacio que forma. Piensa en eso: también tú eres más espacio que cuerpo. Piensa en el cielo cuando alzas la mirada por la noche; ves estrellas, pero lo que en realidad ves es el inmenso vacío entre las estrellas y ves que el vacío es la condición necesaria para la plenitud, con qué avidez reclama cada objeto su propio espacio.

Intenta sonreír. Sonreír induce con fuerza al cerebro a creer que todo va bien y trae la felicidad. Permanece echada y sonríe; Venus, la Vía Láctea, la luna, los murciélagos, la piscina, el insondable depósito de recuerdos de una vida, la calidez de una cama. Sonríe. Una absurda hilera de dientes en la oscuridad.

Anímate, te dice un impulso tenaz y loable; todavía hay un diez por ciento de posibilidades de que concilies el sueño y, si te duermes ahora, tendrás por delante cinco o seis horas, un montón. Un verdadero tesoro de sueño.

Al cabo de un rato, revisa su estimación a la baja. Seis por ciento, siete por ciento como mucho. Pero se está basando en las experiencias pasadas y el cálculo de probabilidades no funciona así: cada tirada de dados cuenta con la misma probabilidad. Que salga cuatro una vez no disminuye las posibilidades de que vuelva a salir cuatro otra vez o un centenar de veces seguidas. Cada noche es una noche nueva y una nueva tirada de dados.

A oscuras, busco a tientas mi caracola. Dicen que

si soplas en una caracola se crea un hermoso sonido que aleja a los malos espíritus; paso el pulgar por el agujero por el que se sopla y me lo acerco a los labios. No emite ningún sonido. Solo noto un sabor salado que no tiene ningún derecho a permanecer ahí después de haber estado tantos años lejos del mar en mi mesilla de noche.

Me pongo boca abajo. Tal vez así, adoptando una posición en la que nunca me duermo, logre atraer el sueño. Tal vez el sueño logre colarse antes de que mi mente caiga en la cuenta de lo que está sucediendo. Tal vez consiga reducir el bombeo del corazón por debajo de las cuarenta pulsaciones por minuto. Permanezco en esta postura media hora. Tal vez la noche no se percate de mi presencia. Tal vez, tal vez. Venus, la Vía Láctea, el ciruelo, el colchón, los murciélagos, mis relucientes manos bajo el agua, un dolor en el cuello, una pequeña sacudida al quedarme dormida, y, con la sacudida, me despierto.

Son las dos de la madrugada pasadas. Pasa un tren de mercancías.

*

La noche del funeral de mi primo estoy en la cafetería de una estación de servicio a punto de cerrar donde reina un silencio reverencial. Solo se oye el runrún de una fregona deslizándose por el suelo y el tintineo metálico de una espátula en una bandeja de catering. Ahí estoy yo junto a una ventana oscura y ahí estoy yo otra vez en la ventana oscura: mi reflejo y yo.

36

Mi reflejo come macarrones con queso en su boca reflejada; nada de todo eso existe, ni el cuerpo, ni los macarrones con queso, ni la boca. El cuerpo reflejado permanece suspendido en la lejanía en un vacío oscuro. No le hago caso, estoy demasiado hambrienta. ¿Quién iba a saber que en la misma autopista o cerca de ella hubiera zanahorias tan tersas y sabrosas?, pero, entonces, ¿cómo es que han tardado tanto en aparecer aquí? La humanidad ha sido capaz de enviar una sonda espacial a los anillos de Saturno, de construir una máquina subterránea que consigue que las partículas adquieran una velocidad de 299,8 millones de metros por segundo para recrear las condiciones existentes justo después del Big Bang. ¿Cómo es posible que haya habido que esperar hasta ahora, 2018, para que hayan llegado las zanahorias bien cocidas a una estación de servicio?

Mi espectro que flota en algún lugar del mundo sin profundidad de los reflejos nunca tiene hambre ni se siente lleno, tampoco ha padecido semanas sin dormir ni sabe que me he escabullido para disponer de media hora para mí misma entre dos mundos. No conoce la sorda sensación de desolación ni el horror que me invade cuando pienso que estoy comiendo macarrones con queso mientras mi primo, con el que correteaba por el jardín de la casa de mis abuelos, está enterrado bajo tierra.

Sin embargo, yo estoy calentita y tranquila. No quiero regresar a casa: mi casa es una cama en la que ya no soy capaz de conciliar el sueño. No quiero regresar: hacerlo supone volver con mi primo muerto. Quiero quedarme aquí: esta silla de plástico en una amplia y silenciosa cafetería junto a un ventanal negro se me antoja el lugar que siempre he estado buscando. La jornada llega a su fin. Hay un par de hombres al fondo, terminando de cenar, hay otro fregando el suelo, hay una pareja con aspecto de jubilados y una mujer en la zona de barra retirando las rayadas bandejas de pastel de carne y puré de patatas y de lasaña. Pienso: todos vais a morir. Me invade un sentimiento de compasión. No soy capaz de tragar porque se me ha cerrado la garganta. Puede que ahora estéis llevando el tenedor hacia un plato de pastel de carne y puré de patata, pero, al igual que yo, vais a morir, y estas son las únicas palabras que puedo dedicaros:

En medio de la vida estamos muertos.[1]
En medio de la estación de servicio estamos muertos.
En medio de la estación de servicio estamos vivos.
En medio de la muerte estamos en la estación de servicio.

En medio de la muerte estamos, estamos. *Estamos.*

*

1. Este es el primer verso de un canto gregoriano –*Media vita in morte sumus*– que pasó a otras lenguas, entre ellas el inglés, en *A Book of Common Prayer* en el siglo XVI y se ha musicado en diversas ocasiones, por ejemplo en *Funeral Sentences and Music for the Funeral of Queen Mary* de Henry Purcell. *(N. del T.)*

Algunas aclaraciones:

Cuando no duermo, lo cual sucede muy a menudo, no duermo nada. No es que esos días duerma mal, sino que no duermo en absoluto. También duermo mal, pero las noches en que duermo mal son las mejores, porque algo duermo.

Cuando no logro dormir, no solo me siento cansada, sino también, y más, agredida. A la mañana siguiente, tengo los ojos irritados y sensibles, y apenas puedo abrirlos. Me duelen las articulaciones. Percibo un sabor en la boca que no se parece a ningún otro sabor, tan solo a un sentimiento, es el sentimiento de derrota. Siento dolor por todo el perímetro del cráneo. El dolor se intensifica en algunas viejas cicatrices de la coronilla. Contemplo el mundo con suspicacia y todo en él parece alejarse de mí con hostilidad y odio. Hay algún tipo de fuerza empeñada en que no me sienta bien; parece que sea algo personal.

Por la noche me acuesto, recibo una paliza, por la mañana bajo por la escalera. Y entonces encaro el día como si todo fuera normal y no hubiera recibido una paliza y todo el mundo me trata como si no hubiera recibido una paliza y así voy tirando, pero nada más que eso. Si alguien quisiera destruirte, podría hacerlo de este modo, privándote del sueño. Obviamente, está más que probado que funciona.

Una de las mañanas que pasé en Francia con unos amigos, me presenté tarde a desayunar. Me siento como si tuviera la cara llena de moretones y pienso que mi aspecto los impactará y tratarán de que su hijo pequeño no me vea. En lugar de eso, mi amigo me mira con una infinita compasión y dice: «*Une petite nuit?*» «*Oui*», respondo yo, «*une petite nuit, encore.*» En esta expresión, el francés lo plantea todo al revés; las noches en vela son la cosa más larga, vasta y cavernosa del mundo. Son acres y más acres de noche y hay eras enteras que vienen y van, y una no encuentra ni un alma que la acompañe en el viaje hacia la mañana.

Cuando no duermo, me paso la noche rebuscando en los laberintos de mi pasado, tratando de dar con el momento en que todo se torció, rastreando en mi infancia para comprobar si la génesis del insomnio se encuentra allí, intentando localizar el pensamiento, la cosa o el acontecimiento concretos que provocaron que pasara de ser alguien que duerme a alguien que no duerme. Trato de dar con la llave para liberarme. Intento resolver el problema lógico que es en estos momentos mi vida. Rodeo el anfiteatro de mi mente, su disminuido perímetro, como un oso polar en su sucia jaula de plástico de un blanco azulado, con falsas capas de hielo y unas aguas que resultan no tener apenas profundidad. Doy vueltas y vueltas. Son las 3 de la madrugada, las 4 de la madrugada. Siempre son las 3 de la madrugada, las 4 de la madrugada. Siempre la misma vuelta.

Cuando no duermo, el mundo se torna muy inseguro. Si no tuvieras acceso a la comida o al agua, te sentirías inseguro; si esa imposibilidad de acceder a ellas se prolongase bastante —no lo suficiente como para matarte, pero sí para dejarte hundido—, empezarías a preguntarte qué sentido tiene la vida, si la misma consiste en una permanente amenaza de carencia.

Cuando cualquier animal no puede satisfacer las necesidades básicas, siente terror. Al principio temes morir, pero después sucede algo peor: temes vivir. Ya no quieres seguir viviendo, no en esos términos. Cuando no logro dormir, una y otra y otra vez, no quiero seguir viviendo y tampoco tengo el impulso necesario (¿el coraje?, ¿el conocimiento?) para vivir, de modo que debo soportar mi vida cuando resulta ser insoportable y esto me lleva a un callejón sin salida.

Cuando no duermo permanezco acostada durante horas, muy quieta y con el corazón palpitando, como si estuviera escondiéndome de alguna bestia; cuando se me acumula la adrenalina, quiebro la inmovilidad, me levanto y empiezo a golpear objetos, la pared, mi cabeza contra la pared. Puedo aullar, puedo gritar. Me paseo de un lado a otro, me paseo como si intentase atrapar a una vieja y mejor versión de mí misma que me ha abandonado.

Cuando dormía, no entendía nada de todo esto. No sabía nada de lo que cuesta soportar lo que es insoportable. Por la noche me siento arrojada a los lobos. Solo logro sobrevivir aullando como un lobo. Eso debe de pasarle a mucha gente. Ahora entiendo mejor esa mirada que ves en los ojos de la gente: por ejemplo, en ese sintecho cerca del aparcamiento para bicicletas, todos los días allí tirado con su ropa negra desteñida encima de una pequeña maleta con ruedas que parece una bolsa de basura, como si fuese la absoluta personificación de la redundancia y el desperdicio. Si has acabado destrozado por las maquinaciones de un mundo descuidado, disfrázate de bolsa de basura; si te atacan los lobos, disfrázate de lobo. Es un modo de esconderse a plena vista.

A veces le doy dinero, aunque él nunca pide, y observa con desinterés cómo cae en la taza que tiene a sus pies. Hay días en que no soy capaz de mirarlo, debido a esa mirada vacía que pone cuando mi mano deja caer los cincuenta peniques, una mirada que parece querer decir que los tiempos en que el dinero le era de alguna ayuda ya hace mucho que quedaron atrás. Es una criatura solitaria; los tiempos en que se le podía ayudar de algún modo hace mucho que quedaron atrás. No está ahí sentado porque quiera recoger dinero. Está ahí sentado porque en algún sitio tiene que estar uno, es imposible no estar en ninguna parte. Hay días que me siento tan cansada y maltratada por la vida que no le doy nada, no quiero ni mirarlo, pienso que ojalá desapareciese o se diera prisa en morir de una vez. El lobo que habita en mis entrañas siente deseos de atacarlo por tomarse la molestia de sobrevivir. ¿Para qué seguir vivo en estas condiciones? ¿Por qué no lo deja correr? ¿Por qué no lo deja correr?

*

Tal vez sea la menopausia, me dice una amiga.

¿Podría ser, tan pronto?

Las mujeres dejan de dormir bien cuando alcanzan la menopausia.

¿Cómo sabes si ya la has alcanzado?

Mi amiga me dice que le pregunte a mi doctora. En la consulta tomo asiento como una niña, con las manos juntas como si no supiera si rezar o no, sobre los muslos y con los tobillos cruzados. Siempre me siento como una niña en cuanto me siento ante un médico y, en este caso, el hecho de sentirme como una niña resulta del todo incongruente al preguntarle sobre la menopausia. Siento que me sonrojo y me da apuro pronunciar la palabra, una palabra que de pronto parece designar un club, una banda de chicas, una banda de madres, a la que intento sumarme.

La doctora parece pensar lo mismo. ¿Tiene algún otro síntoma de menopausia?, me pregunta. ¿Sofocos, sudores fríos por las noches, su regla sigue siendo regular?

Me dice que no duermo porque soy ansiosa y me señala el nivel de ansiedad deducido de un formulario que rellené.

De pronto mi cuerpo resulta ignominioso: al mismo tiempo demasiado viejo y demasiado joven, demasiado viejo para estar aquí sentado con esta temerosa sumisión a la autoridad y demasiado joven para suponer que la menopausia pueda tener algo que ver con mis problemas. Mis problemas son solo mis problemas; no debería tratar de dignificarlos con un estadio vital, un rito de paso de la feminidad. La doctora, una mujer que ya debe haber superado la menopausia y cabe presumir que la habrá sobrellevado con resiliencia y sin dejar de acudir al trabajo ni un solo día, está sentada en una postura que parece un reflejo de la mía –las manos entre los muslos, un poco inclinada hacia delante–, solo que en su caso es maternal y severa. El modo en que se inclina hacia delante me está diciendo «ya está bien de tonterías». Es una táctica primaria para avanzar con sutileza hacia un nuevo escenario, para dejar claro quién maneja la situación. Aunque, claro está, por eso es combativa, porque mi inseguridad le ha proporcionado algo contra lo que combatir. Me pongo más recta y coloco las manos sobre los muslos y no entre ellos. Aunque las mantengo pegadas una a otra. Deberías despegarlas, me digo, pero no lo hago.

Cuando se lo sugiero, la doctora me responde que no tiene mucho sentido hacer pruebas. No demuestran gran cosa: las hormonas son demasiado cambiantes y están sujetas a muchas variables, de modo que las pruebas no resultan muy útiles. Una prueba es una instantánea de un momento biológico, no una evaluación de un estado de salud general.

De modo, le digo, que no hay forma de saber si mis problemas de sueño podrían tener un origen hormonal y ella me responde que saberlo no serviría de nada, porque tampoco se puede hacer gran cosa, la menopausia es algo que (hace una pausa) hay que experimentar.

La palabra elegida –no soportar o sufrir o sobrellevar, sino experimentar– queda flotando de forma extraña entre nosotras, como si yo no quisiera pasar por esa experiencia. No he acudido a ella por un sufrimiento, no porque quiera aliviar un sufrimiento, sino porque quiero que ella consiga que deje de tener experiencias. En esta palabra se condensa toda su severidad; tal como le dirías a un niño: quieres que el mundo sea un lugar sencillo, justo y libre de dificultades, pero el

44

mundo no es así, y cuanto antes asumas que no puedo inmunizarte de tu propia vida –cuanto antes madures–, mejor para ti.

Sin duda se trata de una consigna que reciben más las mujeres que los hombres: la idea de que tienen que aprender a soportar las cosas. Leí en alguna parte que las mujeres tienen más probabilidades de que un médico les diga que sus síntomas son debidos al estrés, mientras que los síntomas de los hombres son objeto de investigación y a ellos suelen derivarlos a un especialista. Que se recurra al estrés supone decir que las mujeres complican y agravan sus experiencias de un modo que se podría evitar con la mera práctica de ejercicios de respiración y relajación y si dejaran de sorprenderse por los acontecimientos que son inevitables en sus vidas: la irascibilidad premenstrual; la debilitación de los músculos del suelo pélvico durante el embarazo; la pérdida de control de los esfínteres durante el parto; la pérdida de sueño en la menopausia; el sometimiento a diversas desigualdades e injusticias sutilmente omnipresentes que afectan a todos los aspectos de sus vidas; el subsumirse una misma en el papel de hija hasta el punto de que la percepción de la individualidad como sujeto se hace tan difusa que acaba siendo prácticamente abandonada y deja de ser una individualidad para convertirse en un tosco amasijo de deberes, culpabilidades y fracasos ahuyentados de forma temporal por la maternidad y todas las atenciones que la misma conlleva, solo para volver después redoblada y, de un modo espectacular e irrevocable, quedar de nuevo subsumida por la vida del hijo, una anulación no solo esperada sino reverenciada por la sociedad.

La doctora me pregunta si tengo algo más que comentarle; al hacerlo, se inclina todavía más hacia delante y me dedica una sonrisa que pretende subrayar que hemos llegado a las mismas conclusiones de manera unánime, una sonrisa, por tanto, que también da a entender que la visita ha terminado.

Le comento que, si supiera que la menopausia es la causa de mi insomnio, al menos podría dejar de buscar otras posibles causas. Lo que quiero decir es que podría dejar de invertir tiempo y dinero en ahondar en mi propio ser en busca de algún artefacto emocional que me pueda servir de pista para descubrir mi verdadera naturaleza; en esta prospección, dolorosa e invasiva, llegaré a unos cimientos en los que yacen todos mis miedos y mis neurosis y, de algún modo (de alguna forma que todavía no entiendo, pero espero entender algún día), destruiré esos cimientos y dejaré que todo el edificio de mi complicada vida se desplome, llevándose consigo las debilidades, defectos, terrores y tendencias negativas, entre ellas, el insomnio. No le comento nada de todo esto a la doctora, pero pienso que hay algo en mi personalidad que en estos momentos desea derrumbarse, algo que recibe la llamada para actuar como un adulto, pero que es incapaz de hacerlo. Siento una extraña regresión al miedo desvalido de la infancia; tal vez este sea uno de los artefactos que se supone que debo sacar de las profundidades. ¿Tal vez sea este uno de los motivos por los que no logro dormir?

46

¿Ha pensado en acudir a un psicoterapeuta?, me pregunta la doctora.

Le explico que ya he ido al psicoterapeuta.

¿Y cree que ha sido positivo?

Positivo en qué sentido, querría preguntarle. ¿Positivo en el sentido de saludable, de útil o de moralmente correcto, lo único moralmente correcto que puede hacer una persona cuando está cargando a la Seguridad Social con sus enfermedades, unas enfermedades que tienen el origen en su mente? Sea en un sentido u otro, sé que la respuesta correcta es sí. Ella quiere que yo responda que sí, porque de este modo estoy admitiendo sin darme cuenta que mis problemas son psicológicos y no biológicos y, por tanto, son responsabilidad mía y no suya.

Sí, le digo.

Bien. ¿Y va a seguir con esa terapia?

¿Por qué –piensa la doctora– tiene que sentarse día tras día en esta consulta y escuchar a pacientes que se niegan a responsabilizarse de su propio bienestar? ¿Por qué todo el mundo quiere una prueba, un diagnóstico, una pastilla? Todos quieren que agite una barita mágica, pero no solo ella no dispone de una barita mágica, sino que la medicina no hace magia ni la ha hecho nunca. La época de las curas milagrosas ya pasó a la historia –continúa pensando la doctora– o al menos es historia el creer en ellas y, ahora, ¿en qué se ha convertido ella sino en consultora sentimental y en traficante de drogas? Dedica la mitad de su tiempo no a hacer diagnósticos y tratar enfermedades comunes, sino a tratar todas las enfermedades provocadas por los efectos secundarios de los medicamentos que receta. Se ha convertido en una doctora de efectos secundarios, que a su vez se tratan con más medicamentos que generan nuevos efectos secundarios.

Hay una parte de ello que resulta inevitable: el cuerpo humano es perecedero y la medicina es imperfecta. Pero después está toda esa gente que no debería haber llegado a la situación de necesitar medicamentos, gente cuyos problemas eran evitables y que ahora le piden a ella que tome medidas para compensar la falta de capacidad para tomarlas por parte de ellos. En Siria, la gente puede conciliar el sueño con bombas cayendo a su alrededor, ¿por qué tú no eres capaz de dormir en tu colchón extragrande con el edredón de invierno, el aire perfumado con aromas de alga marina y una almohada mullida bajo un cielo libre de bombas? ¿Qué guisante perturba tu sueño, princesita? ¿Un Audi que pasa? ¿Qué penurias y fragilidades han hecho que acabes dependiendo de los medicamentos para poder hacer lo que es una herencia natural de todos los animales en todas partes y por siempre? Pero ella tiene que prescribir medicamentos, porque eso es lo que quieren quienes pasan por la consulta. La gente va cargada de medicamentos, se oye el zarandeo de las pastillas en sus bolsillos cuando entran. Tal vez ni siquiera les interese mejorar, se han acostumbrado al triste prestigio que tiene sentirse mal. Los pacientes quieren tanto que ella les reconozca lo espléndida y excepcionalmente mal que están como que les garantice que, pese a ello, ni sufrirán un dolor extremo ni morirán.

Yo le he dicho que sí, que sigo con la terapia y que haré meditación todos los días y que probaré nuevas técnicas de relajación a la hora de acostarme y, mientras hablo, ella está mirando la pantalla del ordenador, hasta que se vuelve hacia mí y ladea la cabeza.

No dramaticemos, dice en voz baja.

No dramaticemos, repito.

Ahora mismo no sé si me siento como una niña o como una acusada ante una jueza en un tribunal de distrito, alguien que promete cambiar su manera de actuar, ser buena ciudadana y dejar de ser una carga para la sociedad. La niña es tímida e inocente, la acusada ante el tribunal es sumisa y se siente culpable. No logro decidir cuál de las dos soy.

La doctora parece razonablemente contenta. Yo quisiera decirle que la terapia, la meditación y las técnicas de relajación que ya estoy poniendo en práctica, a diario, no me mejoran el sueño y aumentan mi sensación de fracaso, pues ahora no solo no logro dormir, sino que tampoco logro sacar partido a la meditación, la relajación ni la terapia. Miro a través de la alta ventana de guillotina, más allá de los jardines, el río, la vía del tren y el canal, hacia las colinas del fondo, y veo el enorme edificio georgiano en el que había vivido, allí, en la colina. Pensar en mí misma es como leer un artículo de una revista de moda sobre otra persona, alguien a quien se supone que deberías admirar.

La admiro, pero más por ser joven que por ningún logro en particular que haya conseguido y, entonces, caigo en la cuenta de que nada de lo que he hecho ha sido realmente un logro, fue tan solo el resultado de una serie de cualidades que me hacían ser aquella que yo era, pero sin ser ninguna de esas cualidades mérito mío. Ser joven, dormir bien y estar cargada de una ambiciosa energía, nada de todo eso era mérito mío, del mismo modo que ser una mujer de mediana edad, dormir mal y llegar a la conclusión de que escribir novelas carece por completo de sentido tampoco es mérito mío. Un alivio el caer en la cuenta de ella. Querría preguntarle a la doctora qué siente al ser una mujer de su edad, tras haber perdido tanto la belleza como el poder de la belleza, pero no puedes hacerle estas preguntas a un nadie por miedo a ofender. Deberías explicar que por belleza entiendes la incuestionable belleza propia de la juventud, pero que hay otros tipos de belleza, y, a continuación, deberías explicarle a tu interlocutor que consideras que posee ese otro tipo de belleza. En el caso de la doctora, es así. Mantiene la espalda muy recta y mueve la cabeza con elegancia, lleva el cabello recogido en una de esas coletas que se suelen llevar a los diez años; tiene cierto aire somnoliento, pero la espalda recta hace que parezca muy alerta, y es la incongruencia que generan estos dos polos lo que la hace atractiva.

Si quiere, puedo pedir que te hagan una analítica de sangre, me dice, y eso es al mismo tiempo una afirmación y una concesión de quien ostenta el poder: ofrecer exactamente lo que has pedido pero en un primer momento no se te ha concedido, ofrecerlo como un regalo que al final has decidido dar, un regalo vano que tú otorgas, no porque debas hacerlo, sino porque puedes hacerlo.

Le digo: sí, por favor, sí quiero. En estos momentos –de algún modo como resultado de haber mirado por la ventana y pensar en mi yo de antaño en el enorme apartamento alquilado–, he llegado al punto de tener la casi absoluta certeza de no estar ni de lejos acercándome a la menopausia, todavía no, o de que, en caso de ya haber empezado ese proceso hacia ella, que la misma no es la causa de mis trastornos de sueño. En realidad, nunca he tenido la sensación de que esa fuera la causa, solo he acudido a la consulta por este asunto porque una amiga me sugirió que lo hiciera, y no solo me lo sugirió mi amiga, sino tantas personas que me pareció que sería negligente y mezquino por mi parte no pasarse al menos a preguntar. Ahora ya lo he preguntado y hacer la pregunta ha significado responderla negativamente. Ha sido como suplicar entrar en un club del que no quiero formar parte y, al suplicar, he descubierto que lo único que pretendía era asegurarme de que no había ninguna necesidad de suplicar.

Me aterra haber entrado en la menopausia. Me aterra iniciar el último tramo de la vida. Tengo una vívida imagen de mí misma con doce años teniendo mi primera regla en la casa natal de la esposa de Shakespeare, Anne Hathaway, en Stratford, mientras un guía explicaba el origen de la expresión «cambiar las tornas». Percibo la menopausia como una traición a esa niña, aunque no sé muy bien por qué. Tal vez sea que, por no haber tenido hijos, el proceso que se puso en marcha ese día nunca se ha consumado, y tal vez por esa razón me costará aceptar la menopausia y la vejez: siempre sentiré que no he hecho los deberes.

51

Aun así, digo que sí al análisis de sangre, porque eso es lo que he venido a pedir. Este misterioso e ingobernable movimiento de hormonas es una suerte de fantasmal vida interna que ha estado funcionando durante toda mi vida y ahora deseo poder echarle un vistazo. Vuelvo a mirar por la ventana. Lo único que parece obsesionarme estos días es la desaparición de quien creía ser. Me gustaría verme a mí misma, aunque solo sea en una instantánea que no diagnostica nada; de hecho, ya me da del todo igual el diagnóstico. Y cuando, quince días después, veo el tubito lleno de mi sangre color borgoña, experimento la inesperada oleada de un sentimiento que no logro identificar. Me conmuevo. Suena idiota conmoverse por un tubito con tu propia sangre: conmoverse y sentirse posesiva.

Una semana más tarde, cuando llegan los resultados y todos los valores son normales, todo apunta hacia lo que ya sé, es decir, que mis trastornos de sueño tienen un origen psicológico. Debo continuar siendo una arqueóloga de mí misma, cavando aquí y allá, viendo si soy capaz de dar con el problema y, a partir de él, con la solución, pero lo cierto es que me temo a mí misma, no por lo que pueda descubrir, sino por ser capaz de arreglármelas para no descubrir nada.

*

Había una vez una niña.
Había una vez una niña que tenía unos doce años.
Tenía una perra.

Tenía una perra.

Una perra de una enorme y seductora dulzura. De largo pelaje negro y marrón, rauda y con unos grandes dientes de carnívoro, toda dulzura. Una perra atrapada en el caótico ajuste de cuentas de un divorcio. Vacaciones escolares. La niña estaba visitando a su padre, a quien le había tocado la custodia de la perra, o más bien quien había exigido la custodia de la perra, pues la perra era de mamá y, una de dos, él había querido quedarse con esa parte viviente de ella o había querido castigar a esa parte viviente de ella: la verdad es que no lo sé. Vacaciones escolares... y la niña y su hermana se alojaban en casa de su padre esa semana.

A pesar de haber exigido su custodia, la perra no vivía con el padre, porque el padre vivía con su nueva esposa, muy cerca de la que había sido la casa familiar, y su esposa no quería tener por allí nada que tuviera que ver con su anterior esposa. La perra vivía en la casa que antaño, tan solo hacía unos dos años, había sido el cálido y dinámico hogar de una familia de cuatro miembros: papá, mamá, hija e hija. Ahora aquella casa estaba vacía, nadie vivía allí, salvo la perra y sus cada vez más numerosas pulgas.

Su padre acudía a diario para alimentarla y la mayoría de los días la sacaba a pasear, pero la perra pasaba un mínimo de veintitrés horas al día sola. Los vecinos se quejaban de que aullaba buena parte del día y toda la noche; las quejas no eran solo por las molestias que les causaba, sino porque les parecía escandaloso que se pudiera abandonar de ese modo a un animal. Su padre había prometido visitar con más frecuencia a la perra, pero le resultaba complicado, con un negocio que atender, una nueva esposa, nuevos hijos y nuevos perros aportados por ella, además de las ocasionales visitas de sus hijas.

Durante las vacaciones escolares, la niña y su hermana hacían un viaje de tres horas desde la nueva casa de su madre para visitar a su padre. En estas vacaciones, como en todas, en cuanto la niña se había instalado en la casa de su padre, se pasaba el día en la vieja casa con la perra. No se sentía bienvenida en la casa de la nueva esposa y, además, no le gustaba nada: olía a pobreza, a orina y a comidas cocinadas horas y horas. Paseaba a la perra, pasaba los ratos muertos acariciándole la sedosa parte de la cabeza que hay entre las orejas o la tripa rosácea y sin pelo, lo cual al animal le encantaba. Le contaba a la perra cómo le iban las cosas. Intentaba aplastar las pulgas entre los dedos; aprendió que la mejor manera de matarlas era llenando de agua la pila del lavabo para ahogarlas allí. Se echaba con la perra en la alfombra infestada de pulgas y se dormían. Cuando llegaba el final del día y ella tenía que marcharse, tenía picadas de pulgas de pies a cabeza. Le daba igual.

Y así se pasó todo un año. Esas vacaciones, sin embargo, fueron las últimas así. La niña le había insistido tanto a su madre y su madre le había insistido tanto a su padre que se acordó, después de haber pasado ese año entero en tan lamentable situación, que la perra se iría a vivir con la niña, su hermana y su madre. Cuando el domingo la niña y su hermana volvieran a casa, la perra se iría con ellas y vivirían todos juntos en la nueva casa de su madre.

Durante esas vacaciones, la niña había hecho lo de siempre: se había pasado el día con la perra y le había contado el plan. Se lo había explicado muchas veces, de manera clara y sencilla, para que la perra entendiese que no se trataba de un ensueño, de un deseo infantil, sino que se había llegado a un acuerdo. Menos mal, porque el miércoles la perra cayó enferma. La niña lo vio claro. No comía y si, en condiciones normales, desafiaba su corpulencia alsaciana con un grácil salto a modo de saludo cuando la niña entraba por la puerta, un salto de pura felicidad, en ese día se limitó a alzar la cabeza. Estaba deprimida, pensó la niña, lo cual habría sido trágico, de no ser porque pronto dejaría aquella casa. Le dijo a la perra que no se preocupara. Ese día, al anochecer, se marchó dándole ánimos. No te preocupes. No te preocupes.

Al día siguiente, la perra seguía sin comer ni beber. Se mostraba apática. Tenía el hocico caliente y reseco; a eso se limitaban los conocimientos de la niña sobre salud perruna: si el hocico estaba fresco y húmedo, el perro estaba bien, pero, si el hocico estaba caliente y seco, el perro estaba mal. Más allá del estado de su hocico, la niña sabía que la perra no estaba bien, el hocico, síntoma irrefutable, solo lo confirmaba. Como su padre estaba en el trabajo y no sabía cómo contactar con él, la niña acudió al vecino. El hombre se acercó a echar un vistazo y llamó al veterinario. Apareció entonces el veterinario. Repasó con la mirada la destartalada sala de estar atestada de pulgas, polvo y olor a cerrado y, a continuación, se arrodilló y examinó a la perra con tantísima ternura que la niña sintió ganas de llorar. Dijo que el animal sufría una infección de riñón y que había que intentar que bebiera la mayor cantidad de agua posible. Le dio a la niña unas pastillas para que se las administrara a la perra. Antes de marcharse, les dijo a la niña y al vecino que, bajo ninguna circunstancia, había que dejar a la perra sola.

Esa noche, por primera vez, la niña la pasó en aquella casa con la perra. A pesar de haber nacido en aquella casa y haber vivido en ella sus primeras veces –la primera palabra, el primer diente, el primer día de colegio, la primera aparición de un amigo imaginario, el primer libro leído a solas–, le disgustaba tener que quedarse allí. Con todos los muebles en su sitio, los dormitorios dispuestos para una familia de cuatro miembros, las camas todavía hechas, el mantel de encaje extendido sobre la mesa que perteneció a su bisabuelo, el candelabro de mamá sobre el mismo, mantel y candelabro fuera de lugar por pomposos en esa casa semiadosada de tres dormitorios, el caballo con el carro sobre el alféizar de la ventana, la figurita de John Wayne en la estantería, los dibujos de mamá en la pared de la cocina, con las caricaturas de papá al lado. Todo seguía en su sitio, nadie había tocado nada. Todo estaba cubierto por una capa de polvo. A la niña, de alguna manera, aquella casa le daba miedo, no se atrevía a subir a oscuras a la primera planta. Durmió abajo, en el sofá, junto a la perra, con la mano sobre el lomo del animal.

Al día siguiente, su padre no tuvo otra alternativa que hacer algo que no le salía de manera natural: enfrentarse a su nueva esposa. Insistió en que debían traer a la perra a la casa donde vivía con su nueva esposa. A esas alturas, la perra apenas se movía y, cuando la niña le acarició la cabeza entre las orejas, el animal se limitó a mover un poco las orejas y entrecerrar los ojos, lo cual a la niña le pareció un gesto de gratitud, pero ya no de placer. Le dijo que ya solo quedaban dos días: pasado mañana la perra ya no tendría que soportar más esa casa, se marcharía con ella. Solo dos días más.

Para entonces, la niña ya sabía que la perra se estaba muriendo. De haber sido honesta consigo misma, lo habría sabido desde el primer momento en que había entrado en la casa hacía dos días, cuando la perra no había pegado su salto de bienvenida. Cuando vio que la perra se limitaba a incorporarse muy lentamente, meneando la cola, sintió pesadez en las piernas, no debilidad, tan solo una ligera pesadez, la pesadez de la previsibilidad. El conocimiento de lo que estaba por venir. Siempre le dolían las piernas; desde hacía años sufría unos dolores de crecimiento tan intensos que en ocasiones le impedían caminar un tiempo, como si fuera una anticipación de la vejez o de las aflicciones futuras. Se preguntó si sus piernas habían sabido desde el principio, desde su nacimiento, que su madre se marcharía, que su perra sufriría aquella tortura y moriría. ¿Acaso las piernas podían saber estas cosas? Bueno, tal vez.

No quería que la perra fuera a la casa de la nueva

esposa. No se la podía imaginar allí, junto al resto de perros escuálidos a los que ella y su hermana llamaban, sin echarle imaginación alguna, ratas; no podía imaginarse su magnificencia en aquel viejo cuarto tan cargado, pero, al mismo tiempo, sí quería que la perra fuera allí; quería que todos vieran que estaba enferma y que, cuando muriera, les quedara claro que la habían matado ellos. La perra se arrastró hasta detrás del sofá de la nueva esposa y se quedó allí muy quieta. No bebía. Volvieron a llamar al veterinario y esta vez, cuando se marchó, la casa se quedó en silencio e incluso la nueva esposa, que siempre tenía la misma expresión de víbora, estaba pálida y algo desencajada.

La perra murió la mañana del día de Halloween, el sábado. Esa noche, el hermano del padre –el tío de la niña– celebraba una fiesta de Halloween. La nueva esposa no quería que el padre fuera y el padre, que sí quería ir, ya le había prometido, de mala gana, que no iría. La niña recordaba la época en que el padre le parecía un hombre fuerte, un gigante, que podía dar saltos de metro y medio.

La muerte de la perra convirtió el mundo en un lugar irrespirable. Llevaron el cadáver al veterinario y lo dejaron allí. El veterinario dijo que lo más probable es que llevara un tiempo sufriendo, una, dos o tres semanas. Pero los perros son resilientes, quieren complacer a sus amos. El padre rompió a llorar; la niña nunca había visto llorar a su padre y deseó que dejara de hacerlo y deseó que no dejara de hacerlo nunca. Su hermana no estaba muy apegada a la perra, pero lloró un poco antes de intentar, con una expresión de difuso pesar, confortarlos, como solía hacer.

Durante los dos últimos años, la niña había aprendido mucho sobre cómo se tratan los adultos entre sí, sobre cómo se echan la culpa unos a los otros, sobre la culpa que sentía ella misma por la desdicha de sus padres y la suya propia; pensó que si parte de esa desdicha era culpa suya, podría arreglar al menos esa parte. Ese Halloween vio a su padre recriminarle a su nueva esposa la muerte de la perra y vio a su nueva esposa recriminándolo por preocuparse más por la muerte de la perra que por ella. La niña solo quería estar sola en la vieja casa, en la casa de la perra como la llamaba ahora, para tocar las cosas que había tocado la perra, para recoger algunos de sus pelos de la alfombra y llevárselos, para sentarse entre sus pulgas.

Esa noche, el padre, la niña y su hermana fueron a la fiesta de Halloween. Todo el mundo en la fiesta comentó que el padre necesitaba estar allí y, cada vez que su nueva esposa telefoneaba, respondía una persona distinta y le decía que su padre necesitaba estar allí, en la fiesta de su hermano, para estar con su familia en un día tan triste; aquel hombre había sufrido muchísimo los dos últimos años: su mujer lo había abandonado, dejándolo solo con dos niñas pequeñas a su cargo, pero después las niñas se habían marchado con su madre y ya solo las veía durante las vacaciones escolares, muy poco tiempo. Al día siguiente, sus hijas iban a volver con su madre y, después del día tan duro que había pasado el pobre hombre, necesitaba poder pasar un rato con ellas.

Cuando esa noche, después de la fiesta, su padre, la niña y su hermana regresaron caminando –la niña iba a un lado, su tambaleante padre en medio y su hermana al otro lado– a la casa de su nueva esposa, al llegar a la verja que daba acceso a un pequeño jardín frontal sin césped, se encontraron con todas las pertenencias de su padre delante de la puerta y la ventana desde donde se habían lanzado.

Fueron caminando –el padre había dejado de dar tantos tumbos– hasta la vieja casa y entraron. La niña no fue a la cocina, donde seguía el cuenco con agua que la perra no se había bebido y la vieja toalla que el animal utilizaba como lecho. Hacía frío en aquella casa. Se dirigieron a las habitaciones que antaño habían sido suyas –la niña recordó que imaginaba que su cama era una barca de remos en un vasto mar nocturno– y, como habían hecho durante tantos años, se acostaron.

*

Hace unos meses tuve un sueño en el que estaba en una lanzadera que iba a gran velocidad por un estrecho tubo durante un tiempo imposible de determinar, con el bolso contra el pecho, mientras una voz ladraba la orden de no hablar, no hacer preguntas y no esperar nada. Yo estaba como sardina en lata junto a cientos de desconocidos cuyo miedo formaba una película de sudor en el techo de nuestro tubo y sentía cierto bamboleo en nuestro avance a toda velocidad, una sensación de que el espacio por el que nos desplazábamos no era un camino sin obstáculos hacia un lugar mejor, sino que nos hundíamos entre arenilla bajo la cual... ¿qué? ¿Quién podía saberlo?

Me desperté y pensé: gracias a dios que era un sueño. Y un momento después: ¿y si ha sido un atisbo de la muerte?

No podía quitarme esa sensación de la cabeza. Meses después, sigo sin poder hacerlo.

Telefoneo a mi madre y le digo: Consuélame, protégeme de este desenlace. Ella me responde: La muerte es hermosa, lo sé, no te preocupes. Yo le digo: ¿Cómo lo sabes? No lo sabes. Ella me dice: Lo sé.

*

3 de la madrugada:

El largo tren de carga atraviesa la noche. Algo se ha quebrado (qué acertada es la expresión «la mañana se ha roto») y no lo repararán hasta que vuelva a caer la noche. A partir de este momento pasarán más trenes de carga y el primer avión sobrevolará hacia las cuatro y, a las cinco o cinco y media, empezará a oírse el tráfico y, a partir de ese momento, nuestro hiperactivo planeta emergerá de nuevo a la vida. A las tres ya asoma el primer resplandor. En realidad –quienes están lo bastante despiertos para percatarse lo saben–, solo hay como mucho una hora de noche, en algún punto entre las dos y las tres, un breve momento de calma entre el crepúsculo de un día y el alba del siguiente.

Me levanto. Hay división de opiniones al respecto. Algunas terapias de sueño dicen que debes levantarte si pasados veinte minutos sigues despierto, para no asociar la cama con el insomnio. Otros consideran que deberías permanecer acostada pase lo que pase, para no darle la señal al cuerpo de que es normal levantarse en plena noche, de manera que debes quedarte en la cama pase lo que pase.

Como por naturaleza no estoy nada activa por la noche, aferrándome a la idea de ser una persona que duerme bien, estoy mucho más predispuesta a seguir la segunda opción. Esta noche, sin embargo, me levanto. Estoy inquieta. Me preparo una taza de té. Ninguna terapia de sueño recomienda tomar una bebida cafeinada a las 3 de la madrugada, pero como una noche me tomé un té y caí dormida al instante, alguna que otra vez repito la jugada, por si vuelve a funcionar, cosa que nunca ha sucedido.

Me viene a la cabeza un verso de Philip Larkin. No conozco el poema de primera mano. Lo encontré en un libro sobre poesía que he leído hace poco, algo sobre una flor con un millón de pétalos. Sentada en el sofá en ropa interior, bebiendo té, hago la otra cosa que ninguna terapia del sueño recomienda: me conecto a internet. Aquí está el poema, en el que Larkin comenta el olvido de la muerte. Es «solo olvido», dice:

Ya lo conocimos, pero entonces era pasajero
y continuamente se fundía con el afán inigualable
de que se abriera la flor de un millón de pétalos
del estar aquí.

Una lo percibe como una campana tañendo en la distancia, como el anuncio de que alguien nos acompaña en lo que creía que era un desierto o un abismo. De pronto ya no me siento sola, me siento exultante, y todo es suave y está cargado de ecos y resonancias. Y entonces recuerdo otro verso, en este caso de un poema de Jack Underwood, que describe el alborozo de sostener a un bebé recién nacido: «Siento que llevo puestos los calcetines», escribe. Y cuando lo leo, siento que llevo puestos los calcetines, aunque en mi caso no sea así. La poesía puede crear frases capaces de desplazar la Tierra de su eje de rotación, un desplazamiento demasiado sutil como para causar una conmoción general, pero lo suficiente como para desplazar a una vida solitaria unos milímetros de su eje, de tal manera que nunca volverá a ser la misma. Es este vuelco de un verso —«la flor de un millón de pétalos del estar aquí»— lo que acaba de desplazar mi eje. Después de años explorando las enseñanzas budistas, hinduistas y cristianas que tratan de hacerme alcanzar la línea de meta de la individualidad, este verso de Larkin es como un esteroide chutado en mis venas. He salido corriendo dejando atrás a mi viejo ego laborioso y he alcanzado una línea de meta, que, obviamente, no existe, lo cual se convierte en vivificante punto de partida. Mi vida, toda la vida, se despliega en un acelerado metraje de crecimiento. No parece poder detenerse nunca y este es el truco de la vida: parece tan abundante que, incluso cuando vemos morir a nuestro alrededor, nos susurra dulces palabras de plenitud.

Me vuelvo a meter en la cama hacia las tres y media. Haber llegado a estas alturas de la noche y sentir cierta tranquilidad es sin duda un augurio de sueño. Además, tengo frío. Al meterme en la cama y arroparme, vivo unos minutos de felicidad que me recuerdan a cómo era antes mi vida. Me encantaba meterme en la cama. Lo recuerdo precisamente ahora. Mi vida, tan complicada, repetitiva y reflexiva, no es ni más compleja ni más simple que la flor de un millón de pétalos del estar aquí. Estoy viva, pienso, como si acabara de descubrir un hecho extraordinario. Siento que llevo la vida puesta.

*

Atención: mi madre. Canturrea *The Windmills of Your Mind,* que suena en la radio mientras hace las tareas del hogar. Saca brillo a su candelabro de plata y las copas también de plata a juego. Yo, pequeña, escucho.

Redondo, como un círculo en una espiral, como una rueda dentro de una rueda, nunca termina o comienza en un carrete que gira constantemente.

Alguna parte de mi cerebro reacciona a esa letra, cuyo significado no puedo comprender, pero sigo el estribillo y la melodía como si avanzara por un sendero que dibuja una espiral al rodear una montaña. La sala de estar se transforma en un lugar extraño. Cargo el carrito de madera de canicas, ajusto la brida del caballo percherón de porcelana –en los ochenta todo el mundo tenía ese adorno– y chasco la lengua para que el caballo se ponga en marcha. ¡Vamos al mercado! El canturreo de mi madre de fondo me envía escenas al azar. Agua arremolinándose en un desagüe. La hora de acostarse. El sauce. Los bosques por los que hemos paseado. *Como un túnel en el que te adentras hasta otro túnel perforado dentro de ese túnel.* La melodía de la canción no lleva a ninguna parte, es como un péndulo que se mueve de un lado a otro, de un lado a otro. El caballo de porcelana avanza por nuestra alfombra verde claro.

*

Pensemos en una frase:

> Un día me gustaría escribir un cuento sobre un hombre que, al robar un cajero automático, pierde su alianza y tiene que volver a por ella, porque su esposa, una mujer espantosa cuyos caprichos han abocado a ese hombre al crimen, no dudaría en matarlo si se enterara de que ha perdido ese anillo.

Una frase con muchas proposiciones, con una proposición enterrada dentro de otra, como muñecas rusas. Si sacamos todas las muñecas y las colocamos en orden, tenemos:

- Un día me gustaría escribir un cuento.
- El cuento es sobre un hombre.
- Un hombre roba un cajero automático.

65

- Un hombre pierde su alianza.
- Un hombre vuelve al cajero automático para recuperar su alianza.
- Un hombre tiene una esposa.
- Su esposa es espantosa.
- Su esposa es muy caprichosa.
- El hombre se ha visto abocado al crimen por su esposa.
- El hombre no debe perder ese anillo.
- La mujer podría matar al hombre.

Tendemos a hablar con frases que contienen múltiples proposiciones, no hablamos con proposiciones separadas. Noam Chomsky ha denominado estas múltiples proposiciones instancias de recursión y considera que definen el lenguaje humano. Colocar un pensamiento dentro de un pensamiento revela nuestra capacidad única para pasar de lo inmediato a lo abstracto, a otros infinitos espacios y tiempos. Un círculo en una espiral, una rueda dentro de una rueda, un túnel en el que te adentras hasta un túnel perforado en el interior de ese túnel. En teoría, nos dice Chomsky, es posible una frase infinitamente larga, recursiva; la capacidad de la mente para incrustar una idea dentro de otra no tiene límite. Nuestro lenguaje es recursivo porque nuestras mentes son recursivas. Un molino de viento que gira infinitamente.

Pero entonces aparecieron los estudios sobre los indios pirahá, de la Amazonia brasileña, que no construyen frases recursivas. Su lengua no les permite construir la frase que he escrito unas líneas más arriba, ni siquiera algo del tipo *Cuando llueve me refugio.* Para los pirahá tendrá que formularse así: *Llueve. Me refugio.* Ellos no incrustan una idea dentro de otra idea, ni se desplazan de un tiempo o lugar a otro en la misma frase. *Cuando llueve, si no me refugio, me mojo. A no ser que quiera mojarme, cuando llueve, me refugio. Para permanecer seco cuando llueve, me refugio.* Para la tribu de los pirahá no existen frases como estas: no existe preocupación alguna por la que saltar de una hipótesis a otra. En lugar de esto: *Llueve. Me refugio.* O: *Me refugio. No me mojo.* O: *Me refugio. Permanezco seco.*

Los pirahá parecen incapacitados para la abstracción. Parecen abocados a la literalidad: su capacidad para aprender nuevas reglas gramaticales a través de un juego digital que consiste en predecir hacia qué lado va a moverse el icono de un mono según el tipo de frase que se genera, se veía frustrada en casi todos los casos por la incapacidad de ver al mono como real y, por tanto, por su incapacidad de interesarse por qué haría a continuación. Se quedaban fascinados por el icono o por los colores de la pantalla y se distraían. Uno de ellos se quedó dormido en mitad de la prueba. «No hacen cosas nuevas», comentó una y otra vez Daniel Everett, el único occidental que ha llegado a acercarse al conocimiento y la comprensión de la lengua de los pirahá. Ellos no cuentan historias. No crean arte. No tienen creencias sobrenaturales o trascendentales. No tienen recuerdos individuales ni colectivos que se remonten a más allá de una o dos generaciones. No poseen palabras inalterables para los colores. No tienen números.

Y, sin embargo, son personas listas, espabiladas, capaces, ingeniosas que forman una de las pocas tribus del mundo que han sobrevivido –principalmente en la selva– sin hacer ninguna concesión al mundo moderno. Su comida puede consistir en sorber los sesos de una rata que acaban de matar. Una casa se construye con hojas de palmera o con un pedazo de cuero tensado sobre cuatro palos clavados en el suelo. No tienen posesiones. Cuentan con lengua hablada, pero con silbidos, canturreos o murmullos. Y su vivencia del presente es de una absoluta intensidad. «El entusiasmo de los pirahá cuando ven aparecer una canoa por el meandro del río es difícil de describir», anota Everett. «Para ellos esto es casi como viajar a otra dimensión.»[1]

Hay una palabra en la lengua de los pirahá que Everett escuchó muchas veces sin poder deducir su significado: *xibipiio*. A veces era un sustantivo, otras un verbo, otras un adjetivo o un adverbio. Fulano va *xibippiio* río arriba y *xibipiio* regresa. La llama del fuego esta *xibipiioando*. Con el tiempo, Everett cayó en la cuenta de que la palabra designaba un concepto, algo así como «entrar y salir de una experiencia», «cruzar la frontera entre la experiencia y la no experiencia». Todo

1. Todas las citas de Everett remiten a su artículo «Cultural Constraints on Grammar and Cognition in Pirahá: Another Look at the Design Features of Human Language» [«Limitaciones culturales en la gramática y la cognición de los pirahá: Otra mirada al diseño del lenguaje humano», *Current Anthropology*, *46*(4), pp. 621-634]. Si los pirahá os parecen interesantes, este y el resto de textos del autor merecen mucho la pena para adentrarse en la cultura y la lengua de la tribu.

lo que no está aquí y ahora desaparece de la experiencia, *xibipiia,* y vuelve a la experiencia como el aquí y el ahora. No existe un «allí» o un «después», solo hay cosas *xibipiioando* dentro y fuera del aquí y el ahora. No existen en la lengua de los pirahá los tiempos pasado ni futuro como tales; la lengua tiene dos morfemas con sentido temporal: las cosas remotas (que no están aquí y ahora) se designan mediante un *-a* y las cosas próximas (que están aquí y ahora) mediante un *-i.* Estos morfemas no describen tanto el tiempo como si la cosa de la que se habla forma parte o no de la experiencia directa del hablante. La lengua pirahá no ubica experiencias en un *continuum* de pasado-presente-futuro como hacen casi todas las otras lenguas. En inglés podemos ubicar de forma muy precisa acontecimientos en este *continuum:* había llovido, llovió, ha llovido, llueve, está lloviendo, lloverá, habrá llovido. Los pirahá solo pueden decir si la lluvia está cerca (está aquí) o no.

Y, a partir de ahí, pueden modificar el verbo para matizar lo que se expresa. Si dicen «Llovió por la noche», el verbo «llover» será modificado por uno de los tres morfemas para aclarar cómo saben que llovió, es decir, si lo oyeron (alguien se lo dijo), lo dedujeron (por la mañana vieron que el suelo estaba mojado) o lo vieron/oyeron directamente. La lengua y la cultura de los pirahá no solo es literal, sino que se basa en las pruebas. ¿Cómo sabes que algo ha sucedido? Si la línea referencial se alarga en exceso e implica demasiados pasos intermedios entre lo que se escucha y la experiencia, el tema deja de tener relevancia para que se hable o se piense en él. Este es el motivo por el que carecen de creencias trascendentales, de recuerdos colectivos y de relatos y mitos que se remonten a varias generaciones.

Qué cosa más rara es estar tan firmemente afianzado en el aquí y el ahora. Qué cosa más rara. Somos, soy, arrojados de forma caótica en el tiempo. Flotando. Puedo saltar treinta y siete años en un instante; puedo volver a tener seis años, volver a escuchar a mi madre cantando mientras limpia el candelabro de plata que tanto aprecia, un objeto que le evoca una vida que no tiene. Puedo desplazarme lateralmente y ser otra posible versión de mí misma en el presente, alguien que tomó unas decisiones diferentes, mejores. Puedo descansar toda mi vida sobre la chirriante bisagra del condicional «si». Mi vida es cuando y hasta y ayer y mañana y hace un minuto y el año próximo y una y otra vez y para siempre y nunca.

El tiempo se filtra por todos lados en la lengua inglesa. Más o menos un diez por ciento de las palabras de uso más común son expresiones de tiempo. La lengua de los pirahá apenas tiene palabras que representen tiempo. Estas son todas las que tienen a su disposición: otro día; ahora; casi; día; noche; marea baja; marea alta; luna llena; durante el día; mediodía; ocaso/amanecer; temprano por la mañana, antes de que salga el sol. Sus palabras para estos conceptos son literalmente descriptivas: la expresión para día es «con sol»; para mediodía, «con gran sol», y para noche, «con la hoguera».

¿Entonces resulta que hay fragmentos completos y movimientos de tiempo que los pirahá no perciben? Si solo pueden hablar en términos de «otro día», ¿no son capaces de percibir «ayer» y «hace un año como dos cosas distintas? ¿Si algo no existe en un idioma, tampoco existe en la mente del hablante de ese idioma? Me hice esta pregunta cuando trataba de enseñarles el pretérito perfecto compuesto a alumnos japoneses; en japonés no existe el pretérito perfecto compuesto. Cuando les enseñaba la frase «he comido», me miraban perplejos, incapaces de entenderlo. ¿Por qué no decir simplemente «comí»? ¿Por qué decir «he estado en Europa» cuando puedes decir sin más «estuve en Europa»? Traté de explicárselo: «Comí» (antes, en algún momento que debes especificar: esta mañana, ayer); «he comido» (hace muy poco, todavía estoy lleno). Miradas perplejas, incomprensión. En el pretérito perfecto compuesto un periodo de tiempo se despliega, el pasado no está tan separado del presente, sino que corre hacia él, se encuentra con él. He comido; hemos bailado toda la noche; ha sido un año. ¿Los japoneses no perciben este segmento temporal? ¿O acaso se manejan con él con otros mecanismos lingüísticos, por inferencia y contexto?

Everett describió el modo de ser de los pirahã como «vive aquí y ahora». Si vives aquí y ahora, no necesitas recurrencia en la lengua, porque no hay necesidad conceptual alguna de conectar ideas o enunciados según su orden cronológico, ni en términos causales, ni en términos hipotéticos. No necesitas un tiempo verbal pasado ni un tiempo verbal futuro si vives solo en el ahora. No necesitas un gran cargamento de palabras que tratan de fijar marcas de tiempo en un *continuum* que va desde el pasado lejano al futuro lejano, un *continuum* que también tiene una enorme extensión elástica en los planos verticales del tiempo virtual, el tiempo que se cruza con el espacio, el tiempo que sucede en otro lugar, real o imaginario. ¿Qué se debe sentir por pertenecer a la tribu pirahã? ¿Cómo debe ser no experimentar ese *continuum?* ¿Que la mente de uno no sea esa rueda dentro de una rueda infinitamente repetitiva? De alguna manera, se siente alivio al imaginar semejante modo de vida, pero, al mismo tiempo, también se siente como algo casi no humano. Y, sin embargo, ahí están los pirahã, tan humanos como puede ser un humano. No me lo puedo imaginar. No me puedo imaginar ser otra cosa que alguien sumergido en el tiempo, haciendo tictac en cada una de mis células.

A mí el tiempo siempre me ha parecido algo muy vivo y extraño; cuando de niña escuchaba a mi madre cantando «The Windmills of Your Mind», ya sabía que algo raro estaba sucediendo. Mientras metía y sacaba canicas del carrito, notaba las manos calientes y tenía la sensación de que se me hinchaban hasta aumentar diez veces su tamaño. Era consciente de que la canción expresaba algo inasible, pero muy íntimo. Nuestras mentes están perdidas en el espacio y en el tiempo. O no perdidas. No lo sé, tal vez cuando has pasado por suficientes agujeros de gusano y agujeros negros y te has abierto a suficientes nuevas realidades, ya no puedes estar perdida. Solo cuando te quedas atrapada en los agujeros negros y los agujeros espacio-temporales empiezas a sentirte perdida.

A veces, para mí, el tiempo es un medio dotado de una cierta viscosidad, como el agua, el aceite o el barro, dependiendo de cómo me afecta. Me muevo a través de él con diversos grados de facilidad o dificultad y, a medida que voy cumpliendo años, percibo que se hace más tosco, menos coherente. Veo cómo va reorganizando mi rostro y mi cuerpo, cuyas formas cambian: una imperceptible línea juvenil se convierte en una arruga marcada, una marcada forma juvenil termina desdibujada. Veo cómo el tiempo va desmantelando a la gente a la que quiero. En ocasiones es como una superficie que golpeo cuando deseo desesperadamente que suceda algo y ya estoy harta de esperar. Entonces, consulto el reloj y el segundero parece temblar y quedarse bloqueado entre un movimiento y el siguiente. En otras ocasiones se mueve por la esfera, veloz y regular, como empujado por el viento.

Es abundante, dispongo de grandes cantidades; como un edredón enorme sobre una cama individual que puedo agarrar generosamente con ambas manos. Pero después es como arañar tierra yerma: no hay suficiente para construir nada, para hacer nada. Es oscuridad. Mi vida aparece como siluetas en su interior, que vienen y van. Es un caballo al que debo echar el lazo. Yo soy el caballo y él me ha echado el lazo.

San Agustín se preguntó: ¿qué es el tiempo sino un conjunto de nadas? El «ya no» y el «todavía no» separados por el evanescente ahora. ¿Es ahí donde viven los pirahá, en un evanescente ahora? Las noches se pasan pensando en esto. Trato de imaginar una

73

vida sin narrativa, lo cual resulta más fácil por la noche, porque la propia noche carece de narrativa: el modo en que se suceden las horas, no tanto como un río que fluye hacia algún lugar, sino como el agua que oscila en una piscina poco profunda, hasta que de pronto vacían la piscina y ya ha llegado la mañana. ¿Los pirahá viven en un evanescente ahora?

No sé si San Agustín está en lo cierto, más allá del puro tecnicismo: el pasado puede ser un «ya no» y el futuro, un «todavía no», pero mis pensamientos y sentimientos sobre el pasado están aquí y ahora, mientras permanezco acostada y despierta recordando la cama de mi infancia como una barca de remos o recordando a mi madre cantando, y mis pensamientos y sentimientos sobre el futuro están aquí y ahora, mientras imagino los años que me esperan así, despierta toda la noche, angustiada, desconcertada e imaginando más años así. Ese pasado ha dejado de ser «ya no» si vive en mí aquí y ahora y, por la misma razón, ese futuro ha dejado de ser un «todavía no». Ambos son «ahora»; en mi imaginación, de acuerdo, pero a través de la imaginación me llegan como realidades físicas, en mis redes neuronales y en mis emociones, cuya fragancia y cuya intensidad afectan al ritmo de los latidos de mi corazón y de mi respiración. Aquí acostada y despierta, proyectando un futuro que me traerá más años de estar aquí acostada y despierta, he cerrado el puño para protegerme; tengo pequeñas lunas grabadas en las palmas de las manos allí donde se han clavado las uñas. Estas pequeñas lunas no son un «todavía no», están aquí, mi miedo al futuro las ha hecho aparecer aquí. El futuro es ahora. En cuanto a la continua desaparición del presente, bueno, también tenemos el continuo nacimiento del presente. Un nacimiento para la vida del ahora; sin muertes, sin interrupciones. Diría que el ahora es lo más vasto, predecible y duradero de todo lo existente y que la pregunta no es tanto ¿qué es el tiempo sino un conjunto de nadas? como ¿qué es el tiempo sino algo indómito? El inexpugnable muro del ahora. Cuando pienso en los pirahã, no me los imagino alcanzando el borde de un instante que se desmorona, sufriendo un vértigo existencial a cada paso. Me los imagino pescando, despellejando animales, bebiendo, pintándose la cara, construyéndose refugios. «Llueve. Permanecemos secos.» Su aquí y ahora me parece sólido como un ladrillo —«llueve»— colocado sobre otro —«permanecemos secos».

¿Cómo sería vivir y pensar como los pirahã? ¿Cómo sería un mundo en el que se *xibippiioba* continuamente? Nada de enloquecidos carretes de acontecimientos que se suceden en el tiempo, todos encadenados y arrastrados cada uno por el siguiente, un acontecimiento provoca el siguiente, un acontecimiento tiene la culpa del siguiente, un dolor del pasado contenido en un dolor del presente que causará un dolor futuro: no. Nada que cruce los límites entre la experiencia y la no experiencia. Tan solo cosas que aparecen y desaparecen por el meandro del río.

En una ocasión estuve enferma y dolorida; hace mucho, cuando tenía veintipocos años. Sufrí una infección de riñón; en ciertos momentos de dolor casi alucinatorio, me pasó por la cabeza que se me estaba concediendo la posibilidad de experimentar lo que había sufrido mi perra cuando pasó por la misma dolencia o que aquel era un modo de recompensarla por su sufrimiento. Tenía la sensación de que mis riñones habían alcanzado el tamaño de pelotas de rugby, el dolor distorsionaba y secuestraba mi percepción. Era un dolor lacerante, intenso e incesante que apenas me permitía moverme. Una noche, acostada en la cama improvisada en el suelo de la sala de estar, creí que había muerto. De manera repentina, el dolor desapareció y sentía el cuerpo denso pero ligero, como un pulmón lleno de aire, y, cuando moví el brazo para contemplarme la mano, la observé con total serenidad. ¿Estoy muerta –pregunté–, estoy muerta? Era imposible saberlo. Tan solo sentía curiosidad, para nada miedo.

Me fijé en el reloj del reproductor de vídeo y vi que seguía funcionando y me pregunté qué significaba aquello. Podía seguir funcionando en la ultratumba. Los números no eran más que números. No tenían ninguna relación conmigo. No tiraban hacia delante, tan solo cambiaban suavemente, se reorganizaban; igual que se reorganizan las nubes, ellos se reorganizaban en una inmensa quietud. Estaban *xibipiioando*. Solo: aquí estoy. A continuación: aquí estoy. A continuación: aquí estoy.

¿Ese episodio es parecido a la experiencia del tiempo de los pirahã? ¿Es ahí donde está la danza, la danza de la que nos habla T. S. Eliot en los *Cuatro cuartetos* como si fuéramos adolescentes desconcertados? «En el punto de quietud, ahí es donde está la danza.» Mi noche sin dolor contemplando el reloj del reproductor de vídeo fue la más serena que he tenido en mi vida y, sin embargo, ahí estaba la danza: una extrema vitalidad pese a que pensaba que estaba muerta. La vitalidad que sentía era, creo, una reverberación que se producía en la repentina quietud. Y, de hecho, la sensación de que tal vez estuviera muerta procedía de una nueva consciencia de estar viva; no la consciencia de estar haciendo esto o lo otro, del dolor en el riñón ni de tener sueño o fiebre, sino la consciencia de que más allá de todo aquello había algo que estaba vivo y de que ese algo era yo. Ahora que no había ningún dolor, somnolencia ni fiebre que lo enmascarara, podía percibirlo de forma directa y, ahora que era consciente de su existencia, también era consciente de la posibilidad de su no existencia. Vida y muerte formaban una esfera con una superficie continua.

Esa noche contemplé el reloj del vídeo durante horas y fue solo por el hecho de comprobar que los minutos se sucedían con regularidad uno a otro de un modo verosímil, predecible y sostenido por lo que acabé albergando dudas sobre el estar muerta. Observaba los dos números del reloj digital: el continuo avance de los minutos hasta que de nuevo empezaban desde cero y la regular acumulación de horas que se iban amontonando una sobre otra y, bajo el influjo de este persistente y silencioso doble avance, mi inmovilidad se fue erosionando, la fortaleza acabó sucumbiendo al asedio.

A medida que se iba produciendo la erosión, el dolor volvía poco a poco a hacerse presente y, después, reaparecieron la sed y la fatiga. Volví a sentir el peso del tiempo, su perpetuo acoso. El tiempo da patadas, patadas y más patadas con la punta de un dedo del pie para abrirse paso. El tiempo es lo que separa la vida de la muerte, aquello que impide que se abracen. El tiempo, y no la vida, es lo que vivimos. El tiempo, y no la vida, es lo que se agota. El tiempo empuja a la muerte hacia donde podemos verla y después se ofrece a sí mismo como protección finita. El tiempo es el terreno abonado del miedo y la desesperación.

¿Los pirahã padecen insomnio? ¿Se agobian? ¿Se pasean de un lado a otro inquietos? Ha sido una noche, pienso ahora, cargada de una rabia desesperada. Era martes por la noche y ahora es miércoles por la mañana. El martes se ha convertido en miércoles sin que ni una pizca de sueño separe un día del otro. ¿Cómo puedo sobrevivir a estos días de cuarenta horas? Durante todos estos minutos de la noche y del día, el tiempo me somete; me rindo, digo en la oscuridad y, después, lo repito por la mañana, me rindo.

«He estado despierta toda la noche y ahora ya ha amanecido», digo. Creo angustia, un relato de congoja creciente. «He estado despierta toda la noche y ahora ya ha amanecido. Era martes y no he dormido y ahora ya es miércoles.»

«Es de noche. No duermo. Es por la mañana», dicen los pirahã, para quienes esto, con estas recurrencias, es imposible. Para quienes el pasado ya ha perdido el destello de la experiencia, ha desaparecido.

«Es martes», dirían ellos con la tranquilidad de una ausencia de recurrencia factual, sin ningún viento que mueva los molinos de sus mentes. «Es martes. No duermo. Es miércoles.»

*

Vamos a ir a Gales.

No nos llevaremos muchas cosas, solo cargaremos el coche hasta los topes. Es enero. Daremos paseos por la orilla del mar. ¿Nadaremos en el mar? Llevamos los trajes de neopreno, una baraja de cartas. El Scrabble por si las moscas, los portátiles, libros, botas de agua, la contraseña de Netflix, detergente en polvo, pastillas para prender fuego, leña, la cámara, las bicicletas. Las bicicletas no. Las bicicletas sí. Bicicletas. Todo el mundo es capaz de dormir en Gales. Las noches son oscuras y frías y no hay nada que hacer. En Gales dormiremos, dormiremos por Inglaterra.

Oiremos el arroyo. Por la mañana miraremos el lugar donde aparcamos como pudimos en la oscuridad, pero no lograremos ver el arroyo que oímos y sí veremos la lluvia. Encenderemos el fuego. Cerillas. Cerillas. ¿Cerillas? Iremos a la tienda a comprar cerillas. Encenderemos el fuego y contemplaremos las llamas, nos sentiremos como Tarzán y Jane. Yo Tarzán. Tú Jane.

Cocinaremos nuestro repertorio: lunes, pasta; martes, chile con carne; miércoles, patatas al horno; jueves, otra vez pasta; viernes, curry. No haremos curry, no tenemos especias, haremos una salsa para pasta. Otra vez pasta. Sábado, comemos fuera. Domingo, otra vez patatas al horno. Lunes, repetimos. Hay paprika. Se lo añadiremos a todo. Haremos zumo de zanahoria: ocho zanahorias, dos centímetros de zumo. Haremos zumo de col lombarda. No volveremos a hacer zumo de col lombarda. Caminaremos por los acantilados. Nos envolveremos la cabeza con la bufanda para soportar el viento. Caminaremos durante horas junto al mar rugiente desde lo más alto de los acantilados. Veremos una foca. No, una nutria. ¿Una nutria? ¡Una nutria! Veremos a un nadador en la bahía y haremos ver que nos arrepentimos de no tener a mano los trajes de neopreno. Pensaremos en ellos colgados en una percha de la casa como si se tratase de un propósito Año Nuevo. Veremos garzas y decepcionaremos a un cisne porque no llevamos pan para lanzarle. Nos arrepentiremos de no haber traído comida al paseo, para nosotros y para el cisne. Nunca llevamos comida, ¿por qué nunca llevamos comida? Algún día compraremos un termo como dios manda que mantenga el calor. Compraremos bastones de marcha nórdica y bragas de cuello y un perro labrador. Algún día viviremos junto al mar.

Contemplaremos la lluvia. Escucharemos la lluvia. Veremos la lluvia, veremos cómo la lluvia convierte los prados en lagos. Nos mojaremos y nos embarraremos con caca de vaca. Veremos fluir el arroyo por debajo del puente. Haremos un trayecto de dos horas en coche para ver una casa que no compraremos y tendremos que dar media vuelta un kilómetro antes de llegar, porque la carretera está inundada. No vamos a comprarla, diremos. La zona se inunda.

Poco antes del anochecer llegaremos en coche a una reserva natural que se vanagloria de sus bandadas de pájaros que dibujan formas cambiantes en el cielo. Esperaremos durante dos horas en la implacable grisura del invierno y atisbaremos un herrerillo azul y un par de pájaros carpinteros. Después oscurecerá y volveremos a casa. No a casa, sino a nuestra casa de aquí.

Trabajaremos; los dos desapareceremos en nuestros respectivos mundos de pantalla, saldremos a la superficie para echar otro tronco al fuego, encenderemos la calefacción, nos acaloraremos y la bajaremos, escucharemos el siseo de los troncos húmedos, subiremos la calefacción. Saldremos a comprar en la tienda: pan de mala calidad y más cerillas. Un ejemplar de *The Guardian* para avivar las llamas. Echaremos un vistazo a la barca dispuesta boca abajo que hay en el jardín, el altar de los pequeños dioses de alguien. Conchas, piedras, figuritas de plástico, un trozo de cuerda, palmatorias para incienso. Discutiremos sobre un pájaro. Un camachuelo. Para nada, se trata de un pinzón común. Un camachuelo. No es lo bastante rosáceo. Es una hembra. Un pinzón común. Un camachuelo. Un pinzón común. Estás equivocado. Lo que tú digas. Jugaremos al blackjack sin cruzar palabra. Ganarás, ganarás, ganarás, ganaré, ganarás.

Nos iremos a la cama, elegiremos habitación. Esta noche en esta, la próxima en esa otra. Permaneceremos acostados en total oscuridad. La oscuridad es total, diremos. Sí, total. No pensaremos en el autobús

81

de la línea 3 que en estos momentos estará pasando bajo el dormitorio de nuestra casa. No pensaremos en los aviones, los trenes, el zumbido del calentador del vecino.

Nos preguntaremos por qué el siseo del viento y el repiqueteo de la lluvia se parecen al silencio. A veces –en las noches malas– nos despertaremos a las 3 de la madrugada, las 4 de la madrugada, batallando contra los demonios. Mi maldito padre, diré, golpeada de pronto por un recuerdo repentino. Mató a mi perra. Después nos quedaremos mirando mientras la oscuridad y el silencio se tragan la rabia. Llegará el perdón, siempre lo hace: hacia mi padre, hacia el pasado, porque es más fácil vivir reconciliada con tu vida que amargada por lo que te ha sucedido. Miraremos a través de la ventana y contemplaremos la lluvia que no cesa, percibiremos el olor de la madera pulida, la oscuridad decreciente del amanecer, el sonido del arroyo. Nos preguntaremos por qué aquí nos sentimos más en casa que en nuestra propia casa. Por qué aquí las horas en vela traen recuerdos de la infancia. Por qué aquí las horas en vela tienen su particular encanto. Por qué el sueño, cuando llega, es más profundo y libre de sueños.

Meteremos las maletas en el coche. Lo embutiremos todo alrededor de las bicicletas que no hemos utilizado. La próxima vez, diremos refiriéndonos a los trajes de neopreno. Partiremos muy temprano, antes de que amanezca, antes de que los petirrojos y los camachuelos y demás pájaros hayan despertado. Tomaremos la ruta más larga, para poder contemplar por última vez el mar; nos preguntaremos qué tiene de especial el mar. Y después nos encaminaremos de vuelta a casa, lo más rápido posible para evitar el tráfico, pondremos música y tararearemos en voz baja. La única música en el coche es de los noventa, de la época de los cedés, música ya pasada de moda que escuchamos con un supuesto distanciamiento irónico. Los dos, para sí mismo, jugamos a estar de vuelta en el pasado, en nuestros diversos pasados cercanos y lejanos. La lluvia que no cesa, cantaremos, la lluvia que no cesa.

Florecimientos del amor. Sorpresas y confidencias y alianzas, largas noches en vela con los niños, años de devoción, dando lo mejor de uno mismo. Ahora, de pronto él se pone a pensar. Por algún motivo piensa en colinas, no en montañas sino en suaves colinas y tormentas y en David Bowie sobre un escenario de Berlín con la melena ondeando al viento y en *Las mujeres de la Ferrara renacentista* y en un ritmo de batería y en billetes de veinte vomitados por un cajero automático y en su madre junto al mar y en la sonrisa incontestable de James y ahí está James delante de él ahora, y al mirarlo siente que algo le recorre el cuerpo, un viento que abre multitud de puertas. Eso es lo que siente. Que todas sus puertas se han abierto de golpe.

Son las diez de un martes de principios de julio, la luz del día resplandece. Él espera a que aparezca el hombrecito verde para cruzar la calle. Normalmente cruzaría sin tanta prudencia, con las manos en los bolsillos, con la mirada fija al frente, pero en estos momentos algo le impulsa a actuar como un ciudadano con aversión al riesgo y respetuoso con las leyes; no a parecerlo, sino a serlo. En cualquier caso, así gana tiempo. Está a punto de vomitar. La última vez que se sintió así fue cuando pasó el examen de cuarto curso de fagot, con trece o catorce años. Fagot. No fue idea suya, una avasalladora profesora de música se empeñó en planificarle un futuro más prometedor: todo el mundo quiere ser pianista o violinista o violonchelista, pero no hay muchos fagotistas. De este modo, tendrás más posibilidades de entrar en una orquesta, le aseguró; imagínate a un chico de por aquí entrando en una orquesta. Pero él suspendió dos veces el examen de cuarto, lo pasó por los pelos a la tercera y, después, se rindió.

Ahora tiene la misma sensación de náusea; no son solo nervios, sino que siente que está representando un papel que no le corresponde, siente no estar siendo él mismo. Pero, en cierto modo, eso le facilita las cosas. Se puede convencer a sí mismo de que no es él quien lo está haciendo.

El centro comercial está bastante concurrido, ya se lo esperaban. En lo alto, a la derecha, está la cámara de vigilancia que controla la entrada; él sabe, tras años de haber estado mirando pantallas de vigilancia, que hay un ángulo ciego justo debajo de la cámara, de modo que se dirige hacia allí, un espacio mínimo. Ve el cajero automático al fondo a la izquierda, porque es el objeto más grande y reluciente que hay allí: es como si fuera el único. Alguien lo está utilizando. Se acerca para ponerse a la cola, sin mirar a su alrededor para comprobar dónde están los demás. Sabe que están allí: Mul, Lenny y Paul, el amigo de James; aparecerán entre la gente que se mueve de un lado a otro; aparecerán. Está seguro. La mujer que está utilizando el cajero tarda una eternidad. El cajero escupe la tarjeta y, entonces, vuelve a empezar el proceso con otra y se pasa un buen rato comprobando el saldo en la pantalla, indecisa sobre cuánto dinero sacar. Él quiere evitar mirarla, pero no sabe adónde dirigir su atención. Este cajero no tiene cámara, es demasiado viejo; ese es uno de los motivos por los que lo han elegido. Puede sentir a sus espaldas a los otros tres poniéndose en fila, nota su presencia. Han aparecido de pronto y ahora hay una cola de cuatro personas, suficiente como para que cualquiera que quiera sacar dinero decida dirigirse al otro cajero que hay a diez metros de allí.

La mujer por fin ha terminado y se guarda la tarjeta y el dinero en un bolso atestado de cosas y con la cremallera abierta, una invitación para cualquier listillo, piensa él, y siente el impulso de advertirle que cierre la cremallera. En circunstancias normales, lo haría. Él es así, dicen de él, siempre dispuesto a ayudar a los demás. Cuando la mujer se aleja, él avanza y simula sacar la cartera para hacerse con la tarjeta. A estas alturas, a sus espaldas Lenny ya habrá telefoneado a James. Lo habrá dejado sonar una vez y a continuación habrá colgado. Y James habrá empezado a hacer lo que sea que haga con el ordenador para que las cosas sucedan, de modo que se trata tan solo de esperar, simulando toquetear los botones y fingiendo frustración.

Ya debe de haber pasado un minuto. Oye una voz: Mul, en la cola detrás de él. «Date prisa, tío.» Él se vuelve. «Disculpa. Tengo un problema con la tarjeta», responde él y ver a Mul y a los otros dos, tan solo unos segundos, es todo un alivio. Esto es camaradería, piensa, y a continuación se pregunta de dónde demonios procederá esa palabra. Una mujer se plantea ponerse en la cola, pero lanza un suspiro y se aleja.

Entonces se oye el zumbido, se abre la boca del cajero y empieza a salir el dinero. Primero billetes de veinte, a un ritmo endiablado. O al menos eso le parece a él. Endiablado: salen formando una borrosa maraña de color lila. El cajero trabaja para vaciarse en sus manos. Él coloca los dedos en forma de pinza ante el agujero para coger los billetes a medida que salen y formar con ellos un pequeño fajo que dobla (sin mirar, ha practicado) en la palma de la mano y así se mete el primer montón en el bolsillo interior de la chaqueta; con un movimiento tranquilo, esa es la clave. Nada de agarrarlo con brusquedad, de precipitarse. Calma y tranquilidad, como si no pasara nada. Tres, cuatro, cinco fajos; van cayendo por el corte que hizo en el forro del bolsillo al interior de la chaqueta; allí hay mucho espacio. Muchísimo. Después empiezan a salir los billetes de diez, lo que quiere decir que el cajero ha agotado sus existencias de los de veinte.

Está absorto. El miedo ha desaparecido y, al desaparecer, también ha desaparecido la percepción de dónde está. El tiempo se detiene y se acelera a la vez; está aquí segundos y horas, meses, años. Podría quedarse para siempre, contemplando cómo los billetes se depositan en sus dedos. Es algo hermoso, hermoso y perfecto, la materialización de una plegaria. Ya no se trata siquiera del dinero. Es la sensación de que todo va bien. De que nada puede salir mal.

En determinado momento, aquello se detiene, el dinero deja de salir y él se guarda el último fajo. ¿El cajero se ha quedado vacío o James ha hecho que se detenga? En cualquier caso, misión cumplida. De pronto, siente las piernas líquidas y se queda sordo, tan solo oye ruido blanco, y la sensación de dicha se transforma en vacío y rápidamente en adrenalina. El corazón se le acelera. Permanece allí unos instantes más y se aleja.

¿Puedo escapar de esto? La espada pende. Nada logra sosegar mi mente, todos los días suponen una nueva amenaza: la noche. Cada noche es una batalla, la mayoría de las veces perdida, y cualquier victoria dura solo un día, hasta que el contrincante reaparece: la próxima noche. Estoy asustada. Comprendo por qué la gente se suicida o termina sufriendo una crisis. Comprendo la desolación de la vida. El deseo de volver a ser un niño, de tener confianza, de ser consolado para poder vivir con sosiego y bienestar.

«No voy a tranquilizarte, tienes que aprender a mantenerte en pie por tus propios medios, tienes que aprender a cambiar tu manera de pensar.»

No puedo. No lo conseguiré.

Debo hacerlo.

*

Preguntas nocturnas apremiantes:

¿Por qué tantos programas de televisión incluyen la palabra «secreto» en el título? *La vida secreta de los perros. La vida secreta de los niños de cinco años. La historia secreta de Irlanda. La vida secreta del zoo. Secretos de la Gran Bretaña subterránea.* ¿Tantos putos secretos hay que todos esos programas tratan de llevarlos a la pantalla? No comprendo cómo es posible que nadie en la BBC ni en la ITV entienda el significado de la palabra «secreto». ¿La vida interior de un perro es un secreto para nosotros? ¿Anda por ahí soltando risitas cómplices, tratando de evitar que lo descifremos? ¿Irlanda hace lo mismo? ¿Y el zoo también?

«Estimada BBC: No son secretos, tan solo cosas sobre las que no necesariamente sabemos mucho. Voy a retener el canon televisivo que pago hasta que se aclaren con esta distinción.»

¿Por qué tantos programas incluyen «Gran Bretaña» o «británico» en el título? *Cómo forjaron Gran Bretaña los victorianos. Grandes puentes británicos. Grandes horneados británicos. La Gran Bretaña del Rey Arturo: la verdad desenterrada. Policías británicos. Cortejando a las piedras: las edades de oro de la escultura británica. Historias secretas: las empresas familiares más antiguas de Gran Bretaña. Maestros de la costura británicos. Secretos de la Gran Bretaña subterránea.* Ya lo hemos pillado. Vivimos en Gran Bretaña. Gran Bretaña. La británica Gran Bretaña. Ya lo hemos pillado.

¿Por qué el Brexit se llama Brexit cuando no es Gran Bretaña sino Reino Unido (UK) el que abandona la Unión Europea? ¿Por qué no se le llama Ukexit? Nunca te fíes de algo que está mal etiquetado. Incluso el nombre de esta estafa es una estafa. Incluso el nombre es un espectáculo de mierda, un tremendo, desmesurado y eterno espectáculo de mierda.

¿Por qué he empezado a escribir este relato sobre un hombre que roba un cajero automático y pierde su alianza? Este hombre que me vino a la cabeza como un ejemplo de frase recursiva. ¿De dónde salió, en qué fisura de mi cráneo estaba escondido? ¿Se puede robar un cajero automático y escapar con el botín? ¿Logra escapar con el botín? ¿De verdad conseguirá salirse con la suya este hombre inofensivo y decente que ha heredado el amor de mi padre por David Bowie, este hombre que se parece a uno de los viejos amigos de mi padre? ¿No estoy forzando demasiado la verosimilitud? Ni siquiera tiene nombre. ¿Este relato va a alguna parte?

¿Por qué las caravanas se suelen llamar cosas como Pegaso, Duende, Unicornio? No he visto jamás nada menos brioso que una caravana con su forma cuadrangular bamboleándose sin atisbo de aerodinamismo por el carril lento con sus estrechas ruedas. Es como llamar a un carrito de la compra Ícaro, Viajero o Golondrina.

*

El último día que mi padrastro salió al mundo, lo dedicó a pasear junto al mar y por un bosque marino en Irlanda. No fue su último día en la Tierra, pero sí la última ocasión que vio algo del mundo más allá de su habitación del hospital. En el lugar por el que él y mi madre caminaron hay playas de arena blanca y afloramientos rocosos de granito con tonos negros, naranjas y grises. El océano envuelve penínsulas y estuarios y las playas dan paso a dunas que a su vez dan paso a bosques repletos de helechos, musgo y ancestrales raíces de árboles calcificadas e impregnadas de olor a pino.

Eso fue lo que vio mi padrastro ese día. La última vez que llenó los pulmones de aire del exterior, no pudo respirar un aire más fresco. Era a finales de mayo, en el extremo noroeste de Irlanda y la tierra resplandecía con una luz solar casi perpetua. Contempló el rugiente Atlántico. Esa noche, de vuelta en la casita de campo de mis abuelos, dijo que le parecía que se estaba resfriando o tal vez incubando una gripe. Mi madre salió para comprarle unos sobres de aspirina y cafeína en polvo Beechams, que él consideraba que curaban todos los males. Horas más tarde hubo que llamar a una ambulancia. Dos semanas más tarde, tras pasar por la unidad de cuidados intensivos de dos hospitales, falleció.

El último día de vida de mi primo lo pasó sobre su bicicleta haciendo una ruta de más de cien kilómetros un sábado por la mañana. Hizo el trayecto solo y, después de aquello, nadie tuvo ningún contacto con él. Murió en algún momento de las veinticuatro horas posteriores y la policía halló el cadáver el lunes por la mañana, después de que su jefe los llamase inquieto porque no había acudido al trabajo. Nunca faltaba en el trabajo.

Me gustaría que mi último día contara con algún acto de libertad: una caminata junto al océano, una buena ruta en bicicleta, algo que me guste hacer. Espero que los paseos caminando y pedaleando de mi padrastro y mi primo estuvieran repletos de felicidad, de placer. ¿De haber sabido lo que vendría después, los habrían disfrutado más o menos? En realidad, siempre hay una última vez para todo. Debe de haber muchas cosas que, sin que seamos conscientes de ello, ya han entrado en esa categoría para todos nosotros.

Los últimos actos adquieren un carácter sagrado. El paseo de mi padrastro ese día lo ha adquirido. Cuando vamos a Irlanda, casi siempre tomamos ese camino. Contemplamos el mar, porque es el mismo mar que él contempló. Escribimos su nombre en la arena. Pensamos, cada uno para sus adentros, que un día nosotros tampoco volveremos a ver más ese lugar. Un impacto sordo.

Si la irreversibilidad confiere a algo un carácter sagrado, entonces cada instante es sagrado, porque cada instante puede ser el último. Es una idea a la que no damos demasiada importancia. Vive cada día como si fuera el último, pensamos, pero no lo hacemos.

Todo es sagrado. Sin embargo, solo cuando morimos nos acordamos de la sacralidad. Pero siempre ha sido sagrado, todo el tiempo.

*

4 de la madrugada:

Entonces, en el capullo protector de ese momento de calidez, aparece un pensamiento que empieza a abrirse: no pienses, dice. No pienses.

Una voz en mi cabeza, que podría ser mi propia voz, mi voz interior (pero que tal vez no lo sea), me ofrece el poema de Larkin.

La flor de un millón de pétalos del estar aquí.

La flor de un millón de pétalos del estar aquí.

Como si pudiera actuar como un encantamiento para conciliar el sueño o como mi parte de un trato que no debe romperse, el poema de Larkin me ha relajado y me ha dado sosiego y, si yo le doy al mundo disposición, paciencia y sosiego, el mundo debería ofrecerme sueño. ¿No debería hacerlo?

El insomnio me ha convertido en una regateadora. Siempre estoy a la espera de con qué voy a poder negociar o qué voy a poder exprimir o qué voy a poder alcanzar en un acuerdo. Cuando nada de esto funciona, me veo convertida en mendiga. Me veo abocada a implorar con la esperanza de que se me conceda lo que deseo, aunque ¿cuándo y cómo será eso?, ¿acaso sería posible?, ¿cómo va el insomnio a concederte sueño?, ¿no es el insomnio la última realidad del mundo a la que uno puede implorarle que le conceda sueño?

Cualquiera que sea el sosiego alcanzado, apenas queda ya nada. Permanece acostada, no te muevas. A menudo tengo esta idea: si permanezco en silencio e inmóvil, tal vez el sueño aparezca a hurtadillas. ¿De dónde he sacado esta idea? ¿Cuándo empecé a dar por hecho que dormir no era un derecho que me correspondiera y que solo podía acceder a él con argucias, como si fuera un bien de contrabando?

Entonces pienso: deja de pensar. Estás siempre pensando.

Entonces pienso: esto ha sido un pensamiento, el pensamiento de dejar de pensar.

Entonces pienso: esto ha sido un pensamiento, el pensamiento de pensar que debo dejar de pensar.

Entonces me lanzo una reprimenda: deja de pensar.

Entonces pienso: ¿esto ha sido otro pensamiento más o una orden de una entidad superior?

Pienso: ¿crees que te habla una entidad superior?

Pienso: estoy despierta.

Intento empezar de nuevo. Estoy enfadada conmigo misma. ¿Adónde se ha ido Larkin? ¿Dónde está mi flor de un millón de pétalos del estar aquí? El avión de las cuatro y pico procedente de Bristol sobrevuela con un rugido lejano. De pronto, estoy completamente despierta. Una cabeza en plena efervescencia en un cuerpo adormilado.

Enciendo la luz, cojo el portátil y escribo en Google ESTOY DESPIERTA. No sé muy bien qué espero que haga Google con esto. Resulta que la mayoría de resultados están relacionados con el budismo, cuya beatífica concepción del estar despierto sin duda no fue obra de un insomne, así que, vistos los resultados, vuelvo mi mente desquiciada y oscilante hacia esa pequeña almendra vengativa incrustada en las profundidades de mi cerebro, la principal culpable de mi desgracia, la amígdala, de la cual hoy mi hipnoterapeuta me ha hecho un rudimentario dibujo que la situaba en el centro de una página repleta de poliédricas aflicciones.

Un artículo explica cómo el miedo y la ansiedad, a menudo conectados, surgen de distintas partes de la amígdala: el miedo emerge de su núcleo central, el responsable de enviar mensajes al cuerpo para preparar sus respuestas inmediatas –corre, detente, lucha–, y la ansiedad emerge de la zona responsable de las emociones, un área que tiene efectos sobre los cambios de comportamiento a largo plazo. El miedo es una respuesta a una amenaza, la ansiedad es una respuesta a la percepción de una amenaza: la diferencia entre prepararse para escapar de un tigre dientes de sable que está aquí y ahora ante ti (porque en los ejemplos siempre se hace referencia a los tigres dientes de sable) y prepararse para escapar de la idea de un tigre dientes de sable en caso de que apareciese uno detrás de la próxima curva. Mientras que el miedo actúa de un modo rápido –huirás corriendo, lucharás contra la bestia o serás devorado por ella–, la ansiedad carece de este nivel resolutivo. Deberás mantenerte en guardia por si acaso, por si acaso. Eternamente por si acaso. Mantenerse en guardia hará que la percepción de la amenaza parezca más real, lo cual implicará estar todavía más vigilante. El miedo se disipa cuando la amenaza termina, mientras que la ansiedad, que funciona en una sala de espejos, se perpetúa a sí misma. Un amigo me dijo en una ocasión: no hay redención en la imaginación. Una no puede ser salvada de un asaltante que no existe.

Ante mí, un rompecabezas. ¿Qué es entonces lo que alimenta mi insomnio: el miedo o la ansiedad? La ansiedad, opina todo el mundo. La ansiedad, dice mi hipnoterapeuta; estás a salvo en la cama, pero el corazón te late como si hubiera un tigre en la habitación. Debes aprender a ver que no hay ningún tigre.

Pero resulta que sí hay un tigre: la imposibilidad de dormir. La imposibilidad de dormir no es una amenaza imaginada, sino una muy real, como la sed o el hambre. Es el miedo a no dormir lo que me acelera el corazón y me tensa los músculos; el miedo, no la ansiedad. Y es en este punto donde el insomnio se vuelve intratable, porque hace que el miedo actúe como ansiedad. Si el miedo es una respuesta a una amenaza externa, el insomnio tiene una capacidad casi única para generar un miedo que a su vez provoca una amenaza externa. Temer al tigre dientes de sable es lo que provoca que el tigre regrese una y otra vez; no es que parezca que regresa, sino que regresa de verdad. No sirve de nada decir «No tengas miedo». Hay un tigre en tu habitación, deberías tener miedo. Pero no es un tigre al que puedas vencer permaneciendo inmóvil, luchando contra él o huyendo de él, de modo que todos tus mecanismos para responder a la amenaza fracasan, lo cual genera más miedo y ese miedo a su vez hace que el tigre regrese una y otra vez. Un círculo vicioso de una perfección euclidiana.

Siento la necesidad urgente de tomarme una pastilla para dormir; liberarme de pensamientos, de amígdalas y de tigres. Ya son las cuatro y pico, demasiado tarde para tomarme la pastilla; a estas horas, cuando ya estoy cargada de adrenalina y miedo, ya no funciona. Además, tomo demasiadas; provocan cáncer y demencia o, al menos, eso dicen. El agotamiento me invade hasta el tuétano y hasta el extremo de cada una de las terminaciones nerviosas de mi cuerpo. Vuelvo a acostarme con la luz apagada y me imagino a mí misma perseguida por un bosque oscuro, con la piel llena de cortes y moretones provocados por múltiples caídas. Huyendo, huyendo. ¿Huyendo de qué exactamente? ¿De qué exactamente? De la muerte, supongo, que es adonde llevan todos los caminos del miedo si una se adentra bastante. La flor de un solo pétalo del no estar aquí, que se abrió en cada una de nuestras células en el mismo instante en que nacimos. El corazón no me bombea como al principio de la noche, ahora los latidos son más pesados y fatigados y siento los músculos del pecho y alrededor de las axilas doloridos. ¿Huyendo de qué? ¿A qué me enfrentaría si me diera la vuelta y lo encarara? De modo que me doy la vuelta y me levanto. Hay algo ahí, pero no logro desentrañarlo y no sé cómo se llama. Alguna fuerza invisible hace que esa pequeña carga de muerte que portan mis células esté siendo magnetizada por una fuerza externa; siento la energía estática. Me siento diminuta. De pronto la energía se hace corpórea y se convierte en un resplandor rojo en el cielo y adquiere la forma de un alienígena arácnido, y, para mi consternación, caigo en la cuenta de que es la fuerza maligna de la serie *Stranger Things* de Netflix. En mi esfuerzo más ferviente por comprender y enfrentarme al monstruo, eso es todo lo que mi imaginación es capaz de crear: una imagen exagerada de terror barato de fuego apocalíptico e invasión alienígena.

Empiezo a preguntarme si los creadores de *Stranger Things* concibieron la serie como una metáfora del insomnio: el mundo sombrío y monótono que está al otro lado, el monstruo que lo habita y te espera, un monstruo al que debes intimidar con la mirada. Ya son casi las cinco de la madrugada; hago un rápido repaso de los planes del día que está a punto de iniciarse; me puedo librar cancelándolos. Emerge el pánico. Los demonios del inicio de la noche, hasta ahora tan solo acechantes, están empezando a cerrar filas. Ahora me doy cuenta de que, cuando escribo sobre estos demonios, parecen una metáfora simplona y poco elaborada, pero realmente siento la presencia de estos demonios y noto que avanzan, pese a saber que son tan solo elaboraciones de mi psique. Son un acto de sabotaje interno, el intento por parte de la mente de racionalizar y tomar el control de un temible desenlace provocando su aparición. No por ello dejan de ser muy reales; al contrario, es por ello por lo que son muy reales. Y noto que se acercan y me siento incapaz de frenarlos.

De niña, pasé por una época de rabietas que se retroalimentaban y eran cada vez más absurdas y duraban horas. Recuerdo estar sentada en lo alto de la escalera, fuera de mí, poseída por una nebulosa angustia y deseando que viniera alguien y me obligara a parar.

Mi problema es que siempre quiero que alguien venga a rescatarme. Soy una cobarde, siempre lo he sido.

*

Tennessee, a la sombra en un parque rocoso y escarpado, una mata de lirios anaranjados en un saliente rocoso, insectos zumbando en el calor de junio.

Mi amiga me habla de un hombre de su vecindario que abandonó toda una vida de creyente budista cuando un accidente de esquí le dejó una ira que consideraba que no debía sentir. Siempre había practicado la técnica zen de responder con ecuanimidad y compasión, pero en el momento en que otro esquiador le pasó por encima, su respuesta fue airada y acusatoria, de modo que dejó el budismo y se volvió hacia Dios.

Me imagino un librito que se titulara *Por qué los budistas no deberían esquiar*. «En general es recomendable que los budistas se limiten a practicar deportes y actividades de ocio propios de climas cálidos, cuanto más sedentarios mejor. No es casual que a Buda se lo represente casi siempre sentado. Jamás se le vio en las Rocosas tratando de vencer la gravedad.»

–Pero ¿por qué? –le pregunto a mi amiga–. ¿Por qué dejó toda una vida de creencias por un instante de mala suerte?

–Por la ira –respondió ella–. Porque lo único que sintió fue ira.

–Pero nunca he conocido a ningún budista que diga que no se puede sentir ira.

–Imagínate que te pasas la vida perfeccionando la mente para que cuando lleguen los problemas tener la capacidad de responder a ellos sin automatismos, sin sucumbir a una reacción instintiva. Ya sabes, una reacción irreflexiva. Eso es lo que hizo él, se pasó la vida intentando responder desde una verdad interior. Pero, entonces, cuando apareció un problema, ¿qué hizo? Se dejó arrastrar por sus automatismos. Se enfadó y culpó al otro.

–¿Y si resulta que en ese momento su verdad interior era la rabia?

–Se exigía algo más que eso a sí mismo.

–¿Por qué? ¿Se exigía ser algo más que un ser humano con emociones humanas?

–Sí, sí. Aspiraba a no estar permanentemente atrapado en la pequeñez de las emociones humanas.

–Y entonces se volvió hacia Dios.

–Y entonces se volvió hacia Dios.

Mi amiga y yo somos incapaces de mantener una conversación de más de seis minutos sin meternos en profundidades filosóficas. Lo de las charlas intrascendentales no es para nosotras. Nos maravillamos durante un rato de la belleza de este lugar, nuestra meseta cubierta de hierba y abajo la floresta. Hace mucho calor. Mi amiga vive en una montaña cerca de una ciudad, una montaña parcelada y ajardinada con casas señoriales, todas ellas con su extensión de césped bien cuidado, porches porticados, terrazas y muros de estuco. Los cardenales ponen notas de color rojo en las ramas de los arces. Al anochecer, las luciérnagas son pavesas en la oscuridad que se mueven entre los árboles. *Xibipiiolando* a través del umbral de la experiencia, están, ya no están. Mi amiga tiene a Dios. Todo lo que se desvanece a su alrededor permanece a través de Él. Todos sus aterrizajes forzosos tienen una pista donde aterrizar: Él. Todos los vuelcos que siente en su estómago terminan entre Sus brazos abiertos. Todos sus eufóricos subidones cuentan con la seguridad de Su sostén. Todos los periodos de su vida apáticos y anodinos se animan con la feroz intensidad de Su amor. Mi amiga, que está ahora a mi lado, cuenta con todo ello, en este mismo instante todo ello impregna su sangre y sus huesos, le insufla vida a su corazón.

—Recuerdo una imagen budista —le cuento—, un mural con una serpiente enorme que emerge entre las llamas y, en la punta de su lengua bífida, hay un monje meditando. No habla de paz, de una vida sosegada, de no sentir, de no experimentar. Habla de la mierda que expande el ventilador y el coraje de sentarse con uno mismo, de no esconderse, de no negar la realidad, sino de observar el alboroto desde la punta de la lengua de la serpiente.

–Pero para mí Dios también está ahí –dice mi amiga–. Esa es la diferencia.

Mi amiga me dijo que su amigo exbudista estaba harto de hacerlo todo solo. El budismo es solitario, una lucha solitaria contra uno mismo cuya única esperanza es el propósito último de desprenderse por completo del ego. La erradicación del ego del ser. Toda la lucha tiene este único objetivo. Años y años tratando de ser una mejor persona, solo recompensados con la extinción del ego.

Y de pronto te percatas de que tienes una posible ayuda al alcance de la mano. Lejos de ser abandonado en mitad de una pista, con un esquí partido, una costilla rota y toda la ira contenida durante años, resulta que te sientes acompañado, no solo perdonado por tu ira y guiado a través de la desesperación, el dolor y el desconcierto, sino también a resguardo de la no-existencia. Dios está contigo, apoyándote, en la punta de la lengua de la serpiente, en el frío de la ladera, en el dolor de la enfermedad, en la angustia de un dilema. Te da un florecimiento del ser en la vida y después de la muerte, un proceso que te permite ser tú mismo de un modo todavía más glorioso. Un proceso que te permite ser más, me dijo mi amiga.

¿Cómo puedo describir la sensación que tengo cuando me acuesto para dormir de estar cayendo desde lo alto de un edificio de cincuenta plantas, sin que nada ni nadie pueda pararme? No, eso no es describirlo. Eso es describir otra cosa: caer desde lo alto de un edificio de cincuenta plantas sin que nadie pueda pararme. ¿De qué sirve utilizar como metáfora algo que nunca he experimentado para describir algo que experimento a menudo? ¿Cómo puedo describir la sensación que gobierna mi vida –toda vida, tal como yo lo veo– de que nada es territorio conocido? Nada es inherentemente seguro. Todo es insondable. ¿Cómo puedo llegar al meollo de esto?

Está claro que la metáfora del edificio ni siquiera funciona como metáfora, mucho menos la evocación literal de una caída. Si hablamos de un edificio de cincuenta plantas, el miedo, digo yo, se concentra en el chocar contra el suelo, pero en mi caso el miedo que yo siento deriva de sospechar que no haya suelo. En una ocasión escuché a alguien describir su pertinaz ansiedad como ese momento en que uno se echa para atrás con una silla y cree que va a caerse. Ese momento, pero eterno. Se trata de eso, de ese momento crítico. No se trata de qué sucederá después, es tan solo el vértigo de ese instante, cuando cualquier atisbo de asidero se desvanece.

De pie en esta montaña de piedra caliza que separa Georgia y Tennessee, a pesar de discutir con ella, envidio a mi amiga. Yo soy incapaz de creer en Dios, no por cinismo ni por un altivo respeto a la ciencia, sino porque Dios es firme, una certeza para el creyente, y yo soy definitivamente incapaz de aceptar la certeza. Mi mente solo es capaz de ver lo provisional, nunca lo incontrovertible. No puedo evitarlo. Ya me gustaría, pero no puedo.

Sabemos que esta mesa en la que ahora me apoyo no es en absoluto sólida, sino una masa de átomos flotantes que carece de bordes. Sabemos que en cuanto llegamos al nivel atómico de las cosas que desconocemos, no podemos medir ni podemos predecir casi nada. En sus planteamientos de mayor alcance, la ciencia experimental se transforma en teórica, genera abstracciones a partir de las observaciones y los datos para construir modelos explicativos. Los físicos teóricos son tan filósofos como científicos; entre la elasticidad de su pensamiento emerge el principio fundamental: no lo sé.

No pretendo utilizar la ciencia divulgativa para justificar mis argumentos. ¿Qué sé yo sobre todos estos temas? Simplemente, no dispongo de pruebas para creer en nada de este mundo si no es a un nivel provisional y expeditivo. Y sí, creer en las cosas a nivel provisional y expeditivo siempre, en casi todos los momentos de mi vida cotidiana, es aceptar que esto es lo que hay: todo es provisional y expeditivo, nada es absoluto, nada es seguro.

Un miércoles por la tarde estaba sentada en el pub con mi grupo de escultura; la conversación versaba sobre los temas habituales: el proyecto en el que estábamos trabajando, el modelo que estábamos esculpiendo, algunos lamentos sobre el estado actual del mundo, el entusiasmo por una exposición que alguien había visto, discrepancias triviales sobre qué deberíamos hacer en la próxima clase. Yo estaba sentada en un taburete. De pronto tuve la sensación de que toda la escena era irreal. Se me pasó por la cabeza que esa escena en la que estaba yo misma con esa gente en el pub podía ser un sueño o una alucinación estimulada por la insistencia de alguna parte de mi cerebro ubicado en otra dimensión: mi cerebro, mi cerebro flotando en algún fluido en alguna parte, o mi cuerpo comatoso en un laboratorio en otra parte en el espacio y el tiempo, y el sólido solaz del pub, de esas personas, no era nada. Carecía de sustancia. Y esas personas, que parecían ser un salvavidas contra la soledad y el aislamiento, eran tan solo nociones sinápticas generadas por mi cerebro desligado del cuerpo y, por tanto, resultaban ser una prueba fehaciente de mi aislamiento.

Cuando echo la vista atrás, caigo en la cuenta de que esto sucedió poco antes de que empezara a sufrir insomnio. Me sentía extremadamente desarraigada. A menudo sentía miedo. Mi mente trataba de encontrar la estabilidad y lo único con lo que se topaba era con un inmenso vacío. ¿Qué es real? ¿A qué me puedo asir? ¿En qué puedo confiar? Siempre he tenido tendencia a preocuparme, pero no era una persona que se angustiase con estas cosas. La preocupación es sensata hasta un cierto punto, tiene una dimensión práctica. No puedo entender el consejo que se da con mucha frecuencia: no tiene sentido preocuparte por cosas que no puedes controlar. Por supuesto que sí tiene sentido preocuparse por este tipo de cosas. Esas son precisamente las cosas por las que hay que preocuparse; preocuparse por las cosas que tienes bajo control es menos práctico, ya que, en lugar de preocuparte, deberías estar solucionándolas.

Preocupación y ansiedad no son lo mismo. La preocupación tiende a ser más temporal, más centrada en algo específico, más concreta, menos difusa que la ansiedad. La ansiedad a menudo carece de objeto y se transmuta en preocupación encontrando algo específico a lo que agarrarse para justificar su existencia. Esto, esta reiterativa y autorreferencial batalla con los pensamientos de uno mismo, es el extraño estado que genera la ansiedad. Yo no la padecía, y ahora, cuando rememoro esa escena en el pub, descubro que había llegado a un punto en que la ansiedad estaba tan generalizada en mi vida que yo ni me enteraba de su presencia.

El problema de empezar a preguntarse si todo es un sueño, una simulación o una ilusión es que no existen pruebas que lo acrediten ni que lo refuten. No hay nada en el mundo, ni en tu cuerpo, tu mente ni tu cerebro que puedas señalar como prueba de que eso es o no es así. En este sentido, es el caldo de cultivo perfecto para la ansiedad. El vértigo que me producía era aterrador; todos los recursos de los que solía tirar para sosegarme se habían esfumado. ¿Qué podía hacer? Le podía preguntar a la persona que tenía sentada al lado si era real y esa persona me habría respondido que sí, que por supuesto que lo era. Para sí misma, no podía ser otra cosa. Todo en el mundo del sueño o la simulación está programado para resultar creíble, pues, si no fuera así, ese mundo se derrumbaría. Podía mirar en mi propio interior en busca de una respuesta, tratar de intuir o sentir cómo algo era igual a como lo había sido infinidad de veces a lo largo de mi vida, sentir la textura de las cosas cuando aparecían en mi mente, en mi confiable mente, en mi fiable corazón, en mi lógico cerebro. Pero era inútil preguntar a mi mente, a mi corazón y a mi cerebro sobre el tema de su realidad objetiva si resultaban ser una mente, un corazón y un cerebro simulados que habían sido programados para parecer objetivos.

Ya sé que todo esto suena indulgente, egocéntrico y bastante desquiciado. Pero yo también lo veo como una respuesta razonable a una ansiedad que se ha hecho profunda y persistente. Todos los consuelos que buscaba me fallaban. Las demás personas eran, son, el máximo consuelo: es en los otros donde encontramos un insondable consuelo; nos basta con su sola presencia. No por su capacidad de hacer o ser o decir algo, sino por su mera existencia, una forma humana en nuestra puerta. Diría que esto funciona igual en otros animales: las ovejas se agrupan en un prado lo suficientemente grande como para que cada una disponga de su propio territorio, las vacas se reúnen en la misma esquina, a los caballos no les gusta estar solos. Los peces nadan en bancos, los pájaros vuelan en bandadas. «Bandada» es una bonita palabra. En el caso de los seres humanos, el equivalente sería «feligreses». Y también nos remite a la borra de la lana o a un mechón.[1]

---

1. Además de estas dos acepciones que menciona la autora, en inglés la palabra *flock* («bandada, rebaño») se usa también para referirse a los feligreses de una iglesia. *(N. del T.)*

Y aun así tengo esa sensación de echarme hacia atrás con la silla y de descubrir que no hay nadie ni nada detrás que impida que me caiga al suelo. O, más recientemente, la sensación de tener acumulada demasiada energía en la cabeza: una frenética corriente de energía entra y sale tan rápido que la cabeza se me acelera, cuando yo lo único que quiero es sentir la seguridad del suelo bajo los pies. Pero el suelo se volatiliza. Aterrada, mi mente busca a su rebaño, la confortable solidaridad de los demás, pero lo único que encuentra es incertidumbre. La mente aterrada empieza a volverse hacia sí misma y encuentra modos de asustarse a sí misma para justificar que está aterrada.

Hoy me llega un email a la dirección de la universidad: un pastor episcopaliano de Estados Unidos me escribe para decirme que ha escrito un sermón dominical para su feligresía que es, en parte, sobre mí. Leyó mi novela *The Western Wind* y le entusiasmó, así que buscó mi nombre online y encontró un artículo que publiqué sobre la ansiedad; sobre mi ansiedad y mi insomnio, pero en el que había algunas consideraciones poco ortodoxas y tentativas sobre la ansiedad en la Edad Media. (Este es uno de los aspectos más raros de ser escritor, que te piden que escribas artículos sobre algún tema y a nadie parece importarle que no tengas ni idea de cómo se escribe un artículo, sobre los temas que aborda tu artículo o sobre nada en general, la verdad sea dicha. Sobre nada. Te inventas cosas para vivir y, a continuación, te inventas cosas en tus artículos y a nadie le importa un comino. Aunque, al mismo tiempo, nadie te paga.)

El pastor me manda el sermón y, mientras lo estoy leyendo, se produce esa sensación de desplazamiento que me invade siempre cuando un lector me escribe para comentarme alguno de mis libros. ¿Cómo es posible que yo, aquí, haya creado un mundo desde algún lugar de mis entrañas al que ni siquiera sé dar un nombre y, allí, otra persona haya llevado ese mundo a un lugar de su interior al que tampoco sabe darle un nombre y que ese lugar sin nombre se emocione y quiera expresar esa emoción y que al expresarla provoque emoción en un lugar sin nombre en mi interior y que el eco de este intercambio vaya de un lado para otro?

En este caso, mi solitario y muy íntimo sufrimiento nocturno llegará uno de estos domingos a oídos de una congregación de Carolina del Norte. En el sermón, el pastor habla de mi novela y, un poco, de mi artículo, cuya premisa era que tal vez –solo tal vez– la ansiedad estaba menos extendida en la Edad Media, porque la gente tenía muchas preocupaciones «reales» que afrontar. El pastor toma la idea de ansiedad que yo describo como algo sin base ni problema concretos, algo que debe encontrar un problema a modo de asidero para mantenerse vivo, pero que se origina sin ese problema. La mente se llena de un malestar indefinido, dice él. Releo esta frase, me fascina su belleza, su precisión, el hecho de que «indefinido» sea una palabra que últimamente me viene mucho a la cabeza: la indefinida oscuridad, una indefinida nebulosa de pensamiento, la indefinida soledad como opuesta a la definida silueta humana en nuestra puerta, lo indefinida que resulta la vida sin dormir, en que los días se fusionan sin separación alguna.

A continuación, se pone a hablar de su larga relación con la ansiedad, que se remonta a la infancia; su propio malestar informe. Adjunta una imagen de anotaciones y dibujos suyos en un álbum de recortes, donde debajo de varios esbozos, se lee: «Con cuatro años. Un periodo tenso e infeliz», ese periodo, comenta, sigue hasta el presente. Esa ansiedad le ha conducido a entregarse a Dios; una y otra vez, se entrega a Dios. Y le pide a sus feligreses que piensen en San Pablo en Romanos 8: «No os inquietéis por cosa alguna; antes bien, en toda ocasión, presentad a Dios vuestras peticiones, mediante la oración y la súplica, acompañadas de la acción de gracias.»

«El Señor está cerca» es el título del sermón y las palabras que preceden a la exhortación de Pablo contra las preocupaciones. El Señor está cerca. No os preocupéis por nada. En esta cercanía del Señor, el pastor encuentra consuelo en el orden más puro y elevado, una oportunidad para trasladar sus angustias sin mortificarse o ahogarse en ellas y para saber que esa oportunidad estará siempre ahí, porque el Señor está siempre ahí. Por lo que él ha podido ver, dice, el mundo no es un lugar solitario y hostil, aunque nuestra tendencia a tener miedo nos puede llevar a creerlo, pero en realidad es una «esfera gobernada por el amor».

El Señor está cerca, le dice a sus feligreses, con una humilde seguridad.

No os preocupéis por nada.

El Señor está cerca.

Hablo con otro amigo. Me dice que lo relevante es la ciencia. El gran consuelo. Cita a Clifford: «Es siempre un error, en todas partes y para todo el mundo, creer en algo sin pruebas suficientes.»

Hay muchas más pruebas para creer que nosotros y el universo existimos en forma física que pruebas de lo contrario. Es cuestión de masa crítica: ninguna observación por sí sola podría probarlo, pero la suma de miles, de millones de observaciones que se suman para formar un conjunto de conjeturas que son verificadas o refutadas y forman una teoría es algo que empieza a parecer sólido y fiable.

Para que una teoría en su conjunto sea errónea, muchas de las observaciones que la componen tienen que ser erróneas. Al final, tiene mucho menos sentido no creérsela que creérsela. Al final, tendrías que recurrir al pensamiento irracional para sostener que no crees en la objetividad de la materia física. Tendrías que boicotear el proceso científico que ha visto y demostrado la existencia de todos esos bloques constructivos que hacen que la materia exista. La ciencia es capaz de dejarte boquiabierto, porque es milagroso que se descubran esas cosas, cosas que apenas resultan creíbles, pero que, como he dicho, tienen más razones para resultar creíbles que para no serlo. Eso es lo que dice mi amigo.

La razón, digo. Siempre esa palabra: razón.

La razón, dice él. Razón.

110

Razón frente a fe.

Exacto, dice él. La razón es la adhesión a las cosas que resultan ciertas mediante la observación y la experimentación, no mediante el mero deseo de que sean ciertas.

Verdad. Deseo. Esto es lo que dice William James:

> Nuestra creencia en la verdad en sí misma, por ejemplo, que existe una verdad y que nuestras mentes y ella están hechas las unas para la otra, ¿qué es sino la apasionada afirmación de un deseo, en el que nuestro sistema social nos respalda? Queremos estar en posesión de una verdad; queremos creer que nuestros experimentos, estudios y discusiones deben colocarnos de forma sistemática en una posición cada vez mejor con respecto a ella, y aceptamos consagrar nuestras vidas como seres pensantes a esta idea.

Le dedicamos nuestras vidas como seres pensantes. Nos consagramos a la búsqueda de la verdad, que no viene sino del deseo de verdad. Pensamos, nos dice William James, que «existe una verdad y que nuestras mentes y ella están hechas las unas para la otra». Consideramos que las cosas en que creemos deben ser sólidas, no meras creencias, sino algo en lo que creemos porque es verdad. Si nuestras creencias nos dicen que el mundo físico es real, consideramos que debe ser verdad, porque de no ser así no lo creeríamos. Hemos llegado a la creencia utilizando los instrumentos de la razón. Creencia, razón, verdad.

La gran trinidad de la mente. Eso es lo que piensa mi amigo.

¿He encontrado consuelo? ¿Me ha consolado mi amigo con su creencia en la monolítica verdad? No me siento especialmente consolada, mi reacción es de recelo. No me puedo aferrar a la titánica ciencia con más firmeza que al titánico Dios. No veo muchas diferencias entre ciencia y fe: ¿no es acaso la ciencia otra forma de fe, la fe en la razón? Un buen día me di cuenta de que no soy capaz de vivir sin fe. Siempre estoy depositando mi fe en algo, sea el agnosticismo, el ateísmo, la violencia, la bondad, el dinero, el cinismo, la escritura, el amor, la política o la compasión. La fe es una condición previa para la ciencia, una condición previa para todo. Debemos estar dispuestos a creer, de otro modo no lo haríamos, y debemos estar dispuestos a buscar cosas en las que creer, de otro modo no las encontraríamos.

Si un científico me dice que la luz viaja a 300.000 kilómetros por segundo, yo me lo creo porque él se lo cree y él se lo cree porque él y otros científicos han realizado experimentos para comprobar ese dato. Pero no tengo modo de medirlo yo misma. Si me cuenta que, en teoría, nada puede viajar más rápido que la luz, le creo. ¿Qué otra cosa puedo hacer? No puedo comprobarlo yo misma. Le creo porque él y otros científicos han sometido la teoría a experimentación y la han comprobado. ¿Y qué es lo que los han llevado a confiar en sus teorías y experimentos? Su fe en la razón como base para la investigación científica. Cito de nuevo a William James:

«Nuestra fe es la fe en la fe de otra persona y, en los grandes asuntos, esto queda absolutamente claro.» La religión es fe en una deidad, la ciencia es fe en la razón. Cuanto más las analizo, menos diferencias percibo entre ellas. Cuanto más glorifica el creyente en la ciencia la razón como árbitro de todo, más empieza a parecerse la razón a un dios idolatrado. La razón solo se demuestra a sí misma. Si utilizas la razón para demostrar lo que es válido, descubrirás que las únicas cosas válidas son aquellas a las que puedes acceder a través de la razón. Las cosas que llamamos «razonables». ¿Y qué? Si utilizas a Dios como medida de lo que es válido, descubrirás que las únicas cosas válidas son aquellas a las que puedes acceder a través de Dios. Esto no explica nada sobre las cosas en sí mismas, tan solo sobre el proceso de llegar a ellas.

Pienso en mi amiga de Tennessee y su sólido modo de caminar: los pies en ángulo un poco abierto, las bronceadas y musculadas piernas de corredora y paso firme. Posee lo que James llama «una actitud confiada». Para ella Dios es como un amante, con toda la pasión, la devoción y el interés que otorga un amante y un poder de presencia casi erótico. Ella le pertenece. Da igual lo mucho que su mente se aleje, ella siempre le pertenecerá; nació para este propósito y morirá con él. Cuando estoy acostada en la cama y noto el colchón y trato de convencerme de que el suelo se está elevando para alcanzarme, que hay tierra en la que se hundirán mis raíces y que no pasa nada, que esta histeria que parece expandirse en espiral como una carga eléctrica desde la parte superior de mi cabeza no es nada, entonces lo único que deseo es dejarme arrastrar por una apasionada e inamovible fe, pero no soy capaz de hacerlo.

Y mientras la noche pasa con lentitud, hora tras hora, y sigo despierta para verlas pasar todas, despierta y agotada, anhelo esa sensación que se tiene antes de acostarse, cuando todo sucumbe. La lucha finaliza. La lucha de nuestras vidas conscientes. Algo más potente y extraño que uno mismo toma el mando. Nos espera el descanso. El incansable tictac del reloj de tu conciencia despierta se prepara para relajarse, las extremidades de tu cuerpo se preparan para aflojarse, lo que te duele deja de dolerte, el frenético circo está a punto de desmoronarse. No puedes hacer nada, no puedes solucionar nada. Los curas y los científicos se igualan. Se igualan con el jabalí y el murciélago. No puedes asignar tu fe a nada que no sea este acto de bendición animal que se apodera de ti.

Todos los científicos del mundo buscan el hermoso orden y la lógica que se despliegan en este sedoso camino hacia el sueño. Todas las religiones del mundo se inventaron para dar expresión a este alivio y a este estado de gracia que nos invade unos momentos antes de cerrar los ojos y dejarnos llevar.

*

La insomne está nadando.

Nada crol de manera pasable; podría nadar mejor, pero así le basta para ir de lado a lado.

114

Julio. El sol está casi en su cénit y resplandece de un modo muy poco inglés sobre un campo amarillento y un lago. La tierra del campo está llena de incisiones para drenarlo; parece absurdo porque estamos en plena sequía y no parece haber una gota de agua en todo el mundo. Mirado desde arriba, ni siquiera el lago parece lleno de agua. Con el sol dándole desde lo alto, reluce como una medalla. Y la hierba reseca parece un viejo tatami, en el que las incisiones de drenaje son puntadas en la tela.

La insomne está medicándose. Un sedante antidepresivo le ha proporcionado dos noches seguidas de buen sueño y ahora está despierta, en el exterior, al sol y nadando en un pequeño lago de la campiña de Wiltshire. El sueño es normal, no el difuso y anestesiado olvido sin sueños como de ataúd que se consigue con las pastillas para dormir, sino un cómodo descanso en que se sueña y del que se despierta despejada, con la mente activa y una energía que le recuerda cómo era antes.

La tercera noche también duerme, y la cuarta y la quinta. Todos los días se acerca al lago, una extensión de agua que desde lo alto no es más que una manchita, y nada de un embarcadero a otro con brazos propulsores. Uno, dos, tres, cuatro, respirar, uno, dos, tres, cuatro, respirar. Hay muchas capas de espacio entre nosotros y ella y todo este espacio está vivo. Aquí arriba se respira aire fresco y, un poco por debajo de donde estamos, cuelga una nube, una sola. Y, por debajo de esa nube, los pájaros –gavilanes, palomas, cuervos, urracas, vencejos, todos nadando a distintas alturas en el cielo–, desde esta perspectiva tan grandes como la mujer del lago. Y después están los insectos: mosquitas, moscardones, polillas, libélulas, caballitos del diablo, plecópteros, mosquitos, mariposas. Un vencejo desciende en picado y atrapa un insecto en la superficie del agua a apenas treinta centímetros del brazo derecho que la nadadora mueve como si fuera un aspa de molino.

Hay libélulas y vencejos por todas partes. Descendiendo por el aire. Bajo la superficie hay pulgas de agua, nematodos y enormes chinches de agua y anfípodos. Algunos peces pequeños y diminutos crustáceos. Ni siquiera con gafas de nadar la insomne puede ver nada de todo ello en el agua, del color ambarino de un té con un poco de leche. Se detiene en mitad del lago, se queda flotando boca arriba y contempla las libélulas, los vencejos, las urracas y los gavilanes y no encuentra palabras para describir lo extraordinario que es el mundo y lo inexplicable y hermosa que es la vida, apenas logra aclarar sus pensamientos al respecto. Desde aquí arriba ella es como un diente de león que el viento ha empujado: pálida, insustancial, resiliente y viajera. Va de una punta a la otra y después da una vuelta alrededor de las tres boyas antes de salir y sentarse en la orilla. Tiene arcilla en los pies, una arcilla tan buena que con ella podría esculpir. La brisa hace crujir las ramas secas y se oye el lejano tintineo y el murmullo procedente del café del otro lado del prado y el sol calienta y queda mucho día por delante. No tirita de frío. Hace calor, no hay que combatir el frío.

La sexta noche duerme, la séptima también. Va a nadar. Así es como solía ser el mundo, como si hubiera espacio entre sus articulaciones, como si sus pensamientos no fueran un chirrido producido por el roce de metal contra metal, como si no costase tanto respirar; esa claridad mental y esa disminución del miedo y esa sensación de que de nuevo hay posibilidades. Es como dejar atrás una discapacidad, descubrir que de pronto eres capaz de caminar o que has recuperado la vista. La octava noche, la novena noche, la décima noche.

La verdad es que ahora el sueño ya no llega de un modo tan convincente —se ha desarrollado una ligera tolerancia al sedante—, pero llegar llega y con eso le basta: está tan acostumbrada a disponer de muy poco y se apaña. Debe nadar mientras pueda y debe dar paseos en bicicleta y trabajar y mantener la mente clara mientras pueda. A veces la vemos en el café con un cuaderno y no para de escribir. Llega la decimoprimera noche y, después, la decimosegunda y la decimotercera.

Nada de un lado a otro en el lago. No puede evitar verse a sí misma desde lo alto, porque la idea que la ronda es que hay algo ahí arriba a punto de caer. Ese pensamiento la acecha desde que empezó a medicarse. ¿Y si la medicación deja de funcionar? Es difícil confiar en algo tan externo y en apariencia tan milagroso. La educaron para no creer en los medicamentos. Busca fuera de ti y fracasarás. La cura a la enfermedad está en tu interior. ¿Te has resfriado? ¡Medita! ¿Tienes una infección urinaria? ¡Medita! ¿Tienes cáncer? ¡Medita! ¿Tienes el corazón hecho trizas? ¡Medita! Ve de un lado a otro y, después, rodea las boyas, nada cuanto puedas, piensa, nada nada nada mientras puedas.

La decimocuarta noche es irregular; se siente soñolienta, pero tarda horas en conciliar el sueño y este es ligero. La decimoquinta noche sucede lo mismo. Da igual, sigue adelante, solo hace falta no rendirse para recuperar cierta confianza y disipar el terror. Cada nueva noche es una pequeña victoria. En la decimosexta apenas duerme y sufre un ataque de pánico. Da igual. Un poco de sueño sigue siendo sueño. Deja de bajar al lago en bicicleta y opta por hacerlo en coche. Mientras pueda llegar hasta el agua, que es el lugar de todas las libertades y la antítesis de la oscura noche en vela... Solo tiene que aguantar lo suficiente para superar ese bache. Por rápido que desaparezca el efecto de los sedantes, ella será más rápida ganando confianza y manteniendo firme la esperanza. Y llegará un momento en que ya no necesitará sedantes.

Desde ese imaginario punto de observación, ella es una figurita nadando más pequeña que los gavilanes y se pregunta si podría llegar a ser tan pequeña que resultase imperceptible para el observador. O para no ser una presa que merezca la pena. Hay una frase en *Tess, la de los d'Urberville* que dice que los dioses ya han dejado de jugar con Tess; ¿acaso también a ella la dejarán en paz? No sabe cómo son los dioses; seguro que no son seres malévolos, tal vez tan solo sean una suma de fuerzas –interiores y exteriores– que, durante un tiempo, han conspirado contra ella. ¿Mala suerte? ¿Por qué será que la mala suerte se parece tanto al fracaso? Qué más da, nada hasta la boya, rodea las boyas y regresa, uno-dos-tres-cuatro-respira, y otra vez.

La decimoséptima noche, la decimoctava, la decimonovena, la vigésima; la somnolencia que la alcanzaba con tanta rapidez cuando tomaba la medicación empezó a perder rapidez y ahora no llega ni a tiros. Han vuelto las noches de no pegar ojo, junto con el pánico de siempre. La ligereza de las extremidades ha desaparecido y vuelve a sentir las articulaciones rígidas y doloridas, la cabeza como un enjambre de avispas. Sigue nadando. No cuesta demasiado meter la cabeza bajo el agua y mover los brazos y debes seguir haciéndolo. No renuncies a la vida. Afírmate en ella. Las libélulas y los gavilanes. La maravillosa vida, contempla su velocidad y su sentido, a prueba de bomba y hermosa.

Desde arriba, esa silueta pálida con forma de estrella de mar es como un cebo. Se coloca boca abajo y nada crol sin prisa, de un lado a otro. Hoy hace un día radiante pero menos caluroso y el agua está más oscura y el viento agita la superficie. Emerge el pánico entre una bocanada de aire y la siguiente, con la ilógica sensación de estar en mar abierto, sola y en peligro. Idiota, no hay ningún peligro, no es más que un lago junto a un prado, puede dejar de nadar y llegar flotando en medio minuto a la orilla. Idiota. Pero el cielo se está desplomando. Pero no se está desplomando. Se sumerge para demostrarse que no está asustada y se dice a sí misma que eso es ¡emocionante! ¡estimulante! ¡el paraíso!, cuando sale a la superficie a respirar. La respiración es un poco acelerada.

Ella cree que la estamos observando desde lo alto, pero no es así. Nosotros no existimos. Ella cree que hay un hacha a punto de caer sobre ella y que nosotros la blandimos, pero nosotros no hemos visto jamás un hacha y no sabemos blandirla, porque no existimos. Sale del lago, se seca y siente cómo reaparece la presión en su cabeza, su cuello y sus hombros, fruto del peso de la fuerza que ha decidido aplastarla sea cual sea. Yo misma, piensa. Me estoy aplastando a mí misma. Es cosa mía. No de fuerzas celestiales. Cualquier persona normal es capaz de dormir; dormir es una función humana básica, no es obra de los dioses. Pero eso no alivia la presión que siente en su cabeza, su cuello y sus hombros, sino que le añade una nueva presión en el pecho.

No importa. Regresa al día siguiente. Vuelve a intentarlo. Vigesimoprimera noche, algo de sueño; vigesimosegunda noche, nada de sueño. Estos días de liberación se han ido amontonando unos sobre otros, su corazón trata de latir sin cortapisas. Siente un ligero dolor en los riñones. Mientras camina por el cálido prado, una rápida sombra en lo alto la hace encogerse de miedo y se cubre la cabeza: un gavilán se lanza sobre ella. Cuando mira hacia arriba, no hay ni rastro por ningún lado de ningún gavilán. Cree que nosotros estamos aquí para pillarla, observándola desde lo alto como si fuese una presa. Pero al mismo tiempo sabe que no existimos. La persecución y la derrota resultan más demoledoras al ser perpetradas por algo inexistente. No importa, nada. La cabeza bajo el agua, con el frío té con una pizca de leche, hasta la boya más alejada, rodéala y media vuelta. Desde lo alto, ella parece uno de esos juguetes de cuerda para niños. Siente lástima de sí misma y se mortifica por sentir lástima de sí misma. Siguen por ahí las libélulas y los gavilanes y, entre los juncos y las hierbas de la orilla, hay un montón de libélulas azules; los vencejos han volando desde África para estar ahí. El perro de alguien vuela por el borde del lago, sus patas parecen no tocar el suelo.

Vigesimotercera noche, vigesimocuarta noche. El mundo está cada vez más y más seco. Cada vez que regresa al lago, se pregunta si seguirá ahí. Se necesita desesperadamente que llueva. Y, sin embargo, el lago sigue ahí, sigue junto al pequeño prado. Nada, nada, pase lo que pase. No hace falta demasiado esfuerzo para mover los brazos como aspas y balancear el cuerpo y patalear con los pies, el agua se encarga de lo más duro. Sumerge la cabeza, uno-dos-tres-cuatro-respira.

*

Digo: No he dormido desde el domingo por la noche.

Lo digo solo después de haber logrado despegar la cabeza de mis manos, donde la dejé caer en cuanto me senté. Nunca había llorado delante de un médico, pero ahí estaba ella, apoyada en el respaldo de su silla, con aires de estirada y sin empatía alguna. Y yo, que no he pegado ojo desde el domingo por la noche. Hoy es viernes, no puedo pensar en otra cosa que no sea dormir. Sería capaz de matar a alguien si supiera que puedo robarle el sueño.

Es sorprendente, ha dicho la doctora, y yo me he sentado y he roto a llorar. ¿Es sorprendente?, he querido preguntarle. Lo que ella quería decir es: estuviste aquí hace nada, el lunes. Con su visto bueno, he dejado los antidepresivos, pues no estoy deprimida (necesitada de sueño, desesperada, a punto de volverme loca, pero no deprimida) y ya no me provocan su efecto sedante. Desde entonces, el lunes, no he vuelto a dormir. Cuatro noches seguidas sin pegar ojo. He consultado por internet si el rebrote del insomnio es un efecto secundario de dejar los antidepresivos y resulta que sí. El consejo es irlos dejando de manera gradual, no de golpe. Pero eso no fue lo que me dijo la doctora. Y, por tanto, aquí estoy, de nuevo como una niña con las manos pegadas en un gesto de ruego. Y esta vez soy una niña bañada en lágrimas.

Digo: Necesito pastillas para dormir. Me mira como si mis lágrimas la hubieran conmovido o, al menos, desconcertado. Por favor, le insisto. Y al instante lamento haberlo hecho, porque ahora ella tiene todo el poder; ahora mi sueño nocturno se ha convertido en un favor que ella me puede conceder. Y, la verdad, así es. Y si fuese de alguna ayuda postrarme a sus pies y suplicarle, sin duda lo haría.

Su rostro es impenetrable, su actitud, de esfinge. Me tiende una receta para catorce pastillas; no me da ningún consejo, ningún apoyo. Cojo la receta y me marcho sin decir palabra.

Hace años, cuando estudiaba filosofía, escuché esta metáfora: una actriz está sobre el escenario de un teatro cuando ve fuego entre bastidores. Comunica al público que hay un incendio y deben desalojar la sala. El público cree que el comentario forma parte de la obra y hace caso omiso de sus instrucciones. Cuanto más desesperada e insistente se muestra ella, más encantado está el público con su apasionada y brillante actuación. La actriz no puede hacer nada por dirigirse a ellos dejando de lado su papel, cada nueva tentativa no hace sino confirmarla en él.

Creo recordar que esta metáfora formaba parte de un curso sobre feminismo, pero nunca he olvidado que su alcance es mucho más amplio. A menudo resulta aplicable a la vida diaria. Aquí y ahora, a ojos de la doctora, no soy más que una neurótica obsesiva. Cuanto más me empeño en que me escuche como ser humano, más refuerzo mi papel de neurótica obsesiva. Cuanto menos caso me hace ella, más le digo o le muestro que estoy sufriendo. Cuanto más le digo o le muestro que estoy sufriendo, más se reafirma ella en verme como a una neurótica obsesiva. Cada vez que hablo, el papel que ella me ha adjudicado se refuerza y anula mi condición de ser humano. Me convierto a sus ojos en menos humana. Soy un arquetipo. La molesto y le hago perder el tiempo, porque lo único que tengo que hacer es dormir y, con eso, ya estaré curada, mientras que ella tiene pacientes con verdaderas dolencias que no tienen cura, desde luego no con algo tan simple como dormir.

Ninguna parte de mí quiere acudir a la consulta de la doctora. He llegado a temerlo, a vivirlo como una humillación absoluta. Concierto las mínimas visitas posibles con ella para tratar mi insomnio y, cuando acudo a su consulta, es para pedirle algo concreto: una receta o, como la vez anterior, un análisis de sangre. Sé que en general no hay nada que pueda hacer un médico. En esta ocasión, casi cuatro meses después de la anterior visita –ya llevo un año entero sufriendo insomnio–, he venido para pedirle otro análisis de sangre, porque he acudido a una nutricionista que quiere comprobar si padezco alguna carencia, si tengo problemas de tiroides, cualquier cosa que pueda estar contribuyendo a mi falta de sueño. A la nutricionista la sorprende que aún no me hayan hecho esas pruebas. Quizá no haya nada raro, pero al menos así lo habremos descartado. Así que entro. Me sacudo de encima el aire suplicante; opto por el tono de transacción comercial. No voy a tratar de obtener su compasión ni su comprensión. Me limitaré a pedirle algo práctico que pueda concederme.

Digo: Me preguntaba si sería posible que me hagan otro análisis de sangre. Todo lo que leo sobre el insomnio dice que primero hay que descartar posibles causas médicas y no lo hemos hecho. Sé que es improbable que esta sea la explicación, pero me sería de gran ayuda. Descartar esas posibles causas me sería de gran ayuda.

Se vuelve hacia su ordenador sin decir palabra. Por fin, sin establecer contacto visual, suelta: Esto no es un bazar.

Miro por la alta ventana de guillotina. Una garza pasa sobrevolando el canal. Descubro que la rabia y el

124

agotamiento son sensaciones muy similares, una llama que lucha por emerger del mismo fuego apagado. La indignación es vivaz, enérgica, tiene un objetivo, pero la rabia es el resto que queda, se devora a sí misma. La rabia y el agotamiento me devoran viva. Devoran mi respeto, mi pasado hasta ese momento, mi futuro a partir de ese momento, mis debería y mis no debería.

Ahora está dando marcha atrás, como si acabase de darse cuenta de que se ha pasado. Pero sí, dice (casi tartamudea), haremos la analítica, sí, es una buena idea, hagámosla. Mientras teclea algo en el ordenador, me pregunto si estoy en presencia de una maniaca. ¿O soy yo la maniaca? Juega conmigo al gato y al ratón y no sé por qué lo hace. Contemplo el cielo de noviembre, denso y gris, y los martinetes desplegados por el valle, donde se están construyendo casas nuevas. Cuando vivía allí, los vecinos se oponían a la construcción de esas casas; yo no. No le veía el sentido a oponerme a ello: las iban a construir de todos modos. La rabia me provoca una sensación de vacío en el estómago, como cuando conduces demasiado rápido por un puente colgante. Coloco las manos sobre el regazo, manos entrelazadas con delicadeza, manos amables. No elegantes, pero sí amables. Toda una vida de pedir favores y mantener la compostura y pedir las cosas con amabilidad y no reaccionar mal, no reaccionar mal si la respuesta es no.

Radio 3; *Las mujeres de la Ferrara renacentista*. Es una delicia. Una absoluta delicia. Esas diversas capas de voces femeninas, él no sabe cuántas en total. Con los ojos cerrados, no se imagina en ningún otro sitio que no sea la catedral, y cuando finalmente los abre, le cuesta un rato convencerse de que está en su cocina.

El sol le calienta la mano y el muslo derechos. A sus hijos les parece gracioso que escuche Radio 3. Solo la gente que vive en Woodlands Lane escucha Radio 3, le dicen sus hijos, y él es un viejo punk o al menos eso es lo que piensan ellos. No es cierto, pero déjalos que se lo crean, hace que parezca más guay de lo que es o, en realidad, más guay de lo que fue nunca. Lo que de verdad le gustaba eran esas bandas de soft-metal que tocaban a finales de los setenta y en los ochenta, con sus ridículas pelambreras. Le gustaba Rod Stewart: jamás se lo confesaría a sus hijos. Y Kate Bush. A sus hijos no les gusta nada Kate Bush. Pero tal vez, piensa, tal vez hay algo en sus canciones que reconoce en *Mujeres de la Ferrara renacentista,* cómo esas voces le trasladan a otro lugar.

Cuando suena el timbre, apaga la radio. Hace pasar a Mul y Mul se sienta en la mesa ovalada de cocina, a la luz del sol, mientras él prepara té.

–¿Gail no está? –le pregunta Mul.

–Se ha llevado a Kelly a la ciudad para comprar... no sé qué. Alguna cosa.

Mul asiente. Su mirada dice un montón de cosas al mismo tiempo. Dice: Pues ahora se lo puede permitir, sea lo que sea. Dice: ¿Ya se lo está gastando? Dice: ¿Lo sabe? Pero él sabe que ella no lo sabe, porque ese fue el trato entre los cinco y es inamovible.

–Joder, qué calor –dice Mul–. No recuerdo ningún verano como este.

–¿Tú y Len vais a ir a pescar?

–Hacia las tres. ¿Te vienes?

–Gail quiere que hagamos algo juntos. Si vais mañana, sí que podría.

–Bueno, ya veremos. Tal vez. Ya veremos.

Mul tiene cincuenta y tantos, pero parece más viejo; se lo ve cansado, como si hubiera decidido dejarlo todo y dedicarse a pescar el resto de su vida. Se han repartido el botín y a cada uno le ha tocado algo más de trece mil libras, una cantidad insuficiente para dejarlo todo pero que quizá anime a Mul a tomarse un descanso para romper la monotonía.

Len y Paul consideran que deberían haber vaciado más de tres cajeros automáticos, creen que deberían haber vaciado uno cada uno, pero fueron él, Mul y James quienes los frenaron. Tres eran más que suficientes, los demás lo habían acojonado y lo siguen haciendo. Mul parecía casi triste cuando consiguió sus trece mil libras, como si todos sus años de trabajo hubieran sido inútiles. Y así era: todo era inútil, también vaciar cajeros automáticos. Porque las pasas putas de lo acojonado que vas, te sacas tus trece mil libras y, después, ¿qué? ¿Qué vas a hacer con ese dinero? ¿Cómo te lo gastas, un fajo de billetes de veinte con números de serie relacionados con un delito?

Con su parte, James va a comprar bitcoins y cree que eso es lo que deberían hacer todos, pero ninguno sabe lo que son los bitcoins. Con trece mil libras puedes comprar tres, eso es todo lo que saben, y no se van a gastar trece mil libras en comprar tres de algo que James no acaba de saber explicarles y que no tiene una existencia real. Entonces, ¿cómo te lo vas a gastar?, quiere saber James. No lo sabes todavía, ese es el tema. Escóndelo y gasta en lo primero que se te ocurra.

–Estaba pensando –le dice a Mul– que deberías quedarte un par de miles de mi parte. Entonces podrías, no sé... Simplemente contar con ello. Para lo que sea.

–Ni de coña –dice Mul–. No.

–Vamos. Unas vacaciones para Mary, ahora que se encuentra mejor.

Mul alza las manos y las deja caer sobre la mesa. Acaba en el suelo un inhalador Vicks que utiliza Gail para combatir la alergia al polen.

–Yo no hice nada. Me limité a ponerme en la cola.

–No es verdad.

Está a punto de decirle que estaban todos en el ajo: él, Mul, Lenny, Paul y James. Habían acordado repartirse el botín a partes iguales –con la excepción de James, que se quedaba diez mil libras más porque era el cerebro de la operación y quien aportaba el conocimiento técnico de cómo llevarla a cabo– y todos habían corrido el mismo riesgo. Si hubieran pillado a uno, habrían caído todos. Pero no le dice nada de todo eso porque acordaron no hablar de ello una vez lo hubieran hecho. No volver a hablar de ello. Ya está hecho.

Pero, la verdad, no todos corrieron los mismos riesgos; James se arriesgó muchísimo más, haciéndose pasar por técnico, metiéndose en esa máquina y colocando allí el ordenador. James se merecía sacar más tajada y siente que se lo tiene que comentar a Mul, porque eso le preocupa. Pero James parece contento con su parte y contento por haber corrido riesgos, como si arriesgarse le proporcionase más placer que el dinero ganado.

En cualquier caso, ya está hecho. Solo han pasado cinco días desde que vaciaron el último cajero en el centro comercial y aún no están fuera de peligro, y hablar de ello, aun en su propia cocina, solo va a traerles problemas. Las puertas están abiertas, los vecinos están justo al otro lado de esa valla.

Después de eso, no hablan de gran cosa más. Mul siempre se pasa a verlo los sábados por la mañana para tomar un té después de dejar a Mary en su clase de pintura. Durante algún tiempo, cuando Mary estaba enferma, dejó de hacerle esa visita, de manera que ahora no parece formar parte de su rutina sino una visita especial, un gesto por el que mostrarse agradecido, así que cuando Mul se dispone a marcharse, él le abraza de forma repentina y un poco violenta y le da una palmada en la espalda tan fuerte que le retumba en el pecho, y nota la mano de Mul apretándole la nuca, como haría alguien dispuesto a obligarte a bajar la cabeza sin contemplaciones, si bien él no empuja hacia abajo. Tensa los dedos con firmeza un instante, un modo extraño y torpe de mostrar afecto.

———————————

Él no siente lo mismo que Mul. Para él, el dinero es una bendición. Sabe exactamente qué va a hacer con él. Se lo irá dando a Gail –un billete de veinte por aquí, un billete de diez por allá– durante el resto de su vida. A sus hijos nunca les faltará de nada, todo atado y bien atado, pero nunca ha podido darle a Gail todos los caprichos que habría querido darle. «Como a ella le habría gustado», dice Mul para sus adentros. Es lo mismo. Aquello que ella desea es aquello mismo que él desea. Ambas cosas han sido la misma desde el primer día que la vio.

Nunca se le han dado bien las mujeres, no suele saber qué quieren. Pero con Gail resulta fácil: quiere cosas que se pueden comprar con dinero. El dinero es amor. Él puede hacerlo. Ella no desea lo que desean otras mujeres, como certezas y tiempo y poesía y un sexto sentido, cierta premonición de lo que necesitan a cada momento. Él sabe lo que ella necesita y se lo proporciona y, a cambio, ella le proporciona a él lo que él necesita.

Hoy él le ha dado varios billetes de veinte antes de que saliera por la puerta, sin que Kelly se percatara. Billetes de veinte de su cuenta bancaria, ahora que se lo puede permitir, no del botín, James les ha advertido que no es todavía seguro ponerlos en circulación. Gástatelo en tus cosas, le ha dicho a Gail. Qué mirada la de ella. De placer, gratitud y amor, de tener lo que se desea. Era la mirada que tenían los niños cuando de pequeños abrían sus regalos, aquello le agitaba el corazón con tanta fuerza que no lo ha olvidado. Y fue la misma sensación que tuvo él cuando el cajero no paraba de escupir dinero, una sensación de bienestar, y la sensación que ha tenido al darle a Gail el dinero y la que ha tenido ella al aceptarlo son la misma.

Ese cajero del centro comercial les entregó dieciocho mil libras en cinco minutos. James no echó el freno en ningún momento, la vaciaron. Esa cantidad era la que ganaba él en un año y aún no habían vaciado el último cajero. Tuvieron suerte, eligieron bien los cajeros y los vaciaron en el mejor momento del día. En cualquier caso, él cree que fue cuestión de suerte; James, en cambio, considera que se debió a la buena planificación y a la astucia, pero en la vida hay suficientes planes fracasados –algunos, planes estupendos– como para saber que al final la suerte desempeña su papel. El hecho de que James haya llegado a sus cuarenta y tantos sin haberlo descubierto es toda la prueba que necesita. La suerte lo es todo.

No se puede creer que lo haya hecho. No se lo puede creer en absoluto. Y es esa incredulidad lo que le hace sentirse bien y le proporciona una nada realista tranquilidad sobre lo que puede suceder si los pillan, porque la verdad es que hay una parte de él que cree que no hizo lo que hizo. Y cuando la

otra parte de él sale a la palestra para recordarle que
sí lo hizo, se repite este mantra: ha sido un delito
sin víctimas. No eres realmente un delincuente si el
delito no tiene víctimas. Eres tan solo un oportunista y, como dice James, los empresarios son los
grandes oportunistas. Tú eres un oportunista.
Lo que más desea es poder contárselo a Gail:
ella le contaría una noticia así. Dieciocho mil en
cinco minutos, le diría. Dieciocho mil. De hecho,
él medio se espera que ella se lo acabe contando. Lo leerá en algún periódico o en algún otro
sitio, piensa él.

Él ha estado evitando los periódicos, los tele-
diarios, todo; James les dijo que él estaría atento y
que se lo haría saber si aparecía alguna pista, cualquier cosa por la que tuvieran que preocuparse.
De momento, se ha denunciado, como pasa en
estos casos, pero la policía no sabe nada sobre
ellos. Y la policía –dice James– puede aparentar
que están muy preocupados por el tema, pero no
van a malgastar sus recursos en pillar a unos la-
drones de banco. A nadie le gustan los bancos. Es
un delito sin víctimas.

Salvo porque –es lo que le quería contar a
Mul esta mañana, pero no se ha atrevido– aquella
mañana en el centro comercial, en algún momento, perdió su alianza. Siempre le había venido un
poco justa y esa mañana, con el calor, los dedos
se le habían hinchado un poco y se la había quita-
do y se la había guardado en la cartera, pero al sa-
carla del bolsillo delante del cajero, simulando

132

buscar la tarjeta de crédito, se le debió de caer. Al salir del centro comercial, se la quiso volver a poner, porque estaba eufórico y quería conectar esa sensación con Gail. Y resulta que ya no estaba donde la había puesto.

Sabe que debería hacerlo, pero es incapaz de contárselo a los demás; si la han encontrado cerca del cajero, con su ADN o lo que sea, ¿terminarán pillándolos? Y aún hay algo más relacionado con su pérdida que lo agobia, algo que lo hace sentirse diminuto, fracasado. Esa alianza es lo único que Gail le ha comprado en su vida; sí, era barata, pero se gastó todo lo que tenía por aquel entonces. Qué absurdo ganar dieciocho mil libras en cinco minutos para perder lo único que de verdad le importaba. No se lo puede contar a Gail. Le da miedo hacerlo. «Porque ella da miedo», dice Mul. Pero no es verdad, solo es una persona que las ha pasado canutas. Perder dinero u otras cosas, carecer de dinero o de otras cosas, eso la aterroriza, la altera, eso es todo.

Pero ¿qué puede hacer él? No puede presentarse en objetos perdidos del centro comercial y decir: la semana pasada, cuando estaba robando el dinero del cajero automático, perdí mi alianza. Ni siquiera puede volver al centro comercial, ni acercarse a él. Al menos, de momento, quizá jamás.

Florecimientos del amor. Una expresión que ha escuchado hace un rato en Radio 3. No estaba escuchando, nunca escucha los comentarios que hacen entre las canciones. No, canciones no. Piezas. Sinfonías. Lo que sea. Estaba sentado en la mesa de la cocina después de que Gail y Kelly se hubieran marchado y estaba recordando a su madre sacándole brillo al candelabro de plata. Aquel candelabro era lo único que conservaba de su vida anterior, la vida que había tenido antes de casarse con su padre. Quedaba fuera de lugar en aquella casa de protección oficial.

Estaba recordando aquello cuando en la radio dijeron algo sobre florecimientos del amor y la expresión captó su atención. Durante un instante vio un resplandor plateado por todas partes; tal vez se debiera a la fusión del candelabro con esa expresión, cuyo significado no alcanzaba a comprender, pero aquello le transmitió algo, una sensación, como la música. Sintió como si Gail estuviera en alguna parte de ese resplandor plateado, su silueta ataviada con el traje de novia.

Y entonces empezó la canción, *Las mujeres de la Ferrara renacentista,* y él se dejó llevar, pensando que estaba en la catedral. No solía soñar despierto. Al final sonó el timbre y tuvo que sacudir la cabeza antes de levantarse e invitar a pasar a Mul.

_____

5 de la madrugada:

La arrasadora marea de la noche se concentra en una ola. No lo consigo, no lo consigo, no logro sobrellevarlo, no puedo seguir adelante. Demasiadas noches despierta, demasiada oscuridad y demasiada soledad,

no lo consigo. Sin darme cuenta, he bajado a la planta inferior y estoy caminando de un lado a otro, como una lunática, temblando, tirándome del pelo, moviéndome en busca de un norte hacia el que dirigirme. Ese norte aparece en la sala de estar, desconcertado y somnoliento, me toma las muñecas en sus manos, Shhh, tranquila, no pasa nada, todo va bien, todo va bien. Deseo gritar, me oigo gritar. «No», la única palabra que mi cerebro parece recordar,
no a todo,
no.

*

Al día siguiente, apática, con los ojos irritados, hundida en el sofá, con el pánico recorriéndome el cuerpo en lentas y suaves oleadas. Él dice: Y ahora voy a interpretar para ti mi famosa Danza de los Flamencos.

Y empieza a escenificar un torpe pavoneo, con un brazo en alto, el otro a la espalda, los hombros caídos, las rodillas flexionadas, una extraña figura estilizada moviéndose ante mi campo de visión, media vuelta y de nuevo pasa ante mí. Eres absurdo, le digo. Algo oscuro y desmotivado en mi interior no quiere verse empujado a sonreír, pero ahí llega, una pompa de alegría se abre paso a través de mis sombrías entrañas y estalla sigilosamente en una carcajada.

*

Mi yo es un yo que solo puede entenderse a través de fragmentos. Mi yo está roto en mil pedazos. Me miro al espejo y no me reconozco. Leo lo que he escrito y es como si me presentasen a mi alma. Cada vez como si fuera la primera, no siempre me gusta lo que veo. Tengo que descodificarme. Sé que estoy preocupada y fascinada por el candelabro de mi madre porque se ha colado y se ha hecho espacio tanto en este libro como en una narración de este libro. Hacía treinta años que no pensaba en ese candelabro, hasta que pensé en la canción «The Windmills of Your Mind» y sentí que ambas cosas iban juntas, a pesar de que nunca había sido así. Y el ladrón de bancos sin nombre que me había inventado de repente se pone triste por él, por el candelabro de mi madre. Sé que cuando creo a un personaje sirviéndome de algún fragmento de mi biografía estoy intentando entender esa parte de mi biografía, y tal vez alguien termine interpretándola por mí, tal vez no. ¿Acaso ahora lo entiendo? No. No es tan fácil. Escribir es soñar. No todos los sueños pueden ser interpretados, y además no todas las interpretaciones son correctas. Y además no todas las interpretaciones son interesantes. Y además el sueño tiene sus propias leyes.

Escribir es soñar. Esto lo descubrí hace tan solo un par de años. Es un sueño lúcido: el trabajo del subconsciente que tiene un pie en el mundo consciente, lo justo para aprovechar los caprichos del sueño. Siempre he oído decir que la escritura utiliza el subconsciente, pero no es cierto. *Es* el subconsciente, y utiliza el mundo consciente.

En el sueño, el subconsciente encuentra el modo de articular, de dramatizar, de dar cuerpo a cosas que han sucedido durante la vigilia, cosas que configuran nuestra vida: sentimientos, miedos y deseos. El sueño es sorprendentemente creativo y expresivo al hacerlo: nunca busca con torpeza una metáfora, nunca se obsesiona con los detalles, nunca se extiende en lo que resulta innecesario. Configura lo inefable. Sueño con cierta frecuencia que estoy nadando en una piscina con solo un par de centímetros de agua. Y cuando me percato de que solo hay dos centímetros de agua –un descubrimiento que tarda mucho más de lo razonable en producirse–, yo sigo nadando. Cuando deduzco el sentido del sueño, resulta ser algo muy íntimamente conocido por mí: la compleja pero concreta comprensión de una serie de sentimientos que no soy capaz de articular y que tienen que ver con la futilidad, la desesperación y la tenacidad, y que ninguna otra metáfora podría atrapar de un modo tan perfecto. Si estuviese escribiendo y buscando una metáfora para esa combinación exacta de unos sentimientos concretos en esas proporciones, sacaría partido a esta metáfora de la piscina y estaría encantada con ella.

Así es. Hay días en que escribo y lo que escribo sale directamente del subconsciente sin interferencia alguna de la mente consciente. Todo ese sedimento, parte de él oro puro, se filtra en las palabras.

Mi mente es una cacofonía. Piensa cosas útiles, y por cada cosa útil piensa otras cuatrocientas inútiles y repetitivas, y de estas cosas inútiles y repetitivas un número significativo resulta ser tóxico. Propuestas y antipropuestas. Destripamientos del yo. Destripamientos de otros. Terrores. Arrepentimientos. Reprimendas. Viejas trifulcas. Todo eso me llega como un farfulleo indistinguible, como unos fuegos artificiales que no paran de estallar y disiparse, imposibles de entender e imposibles de asimilar. Tan solo un continuo restallido y chisporroteo estallando en mi cabeza.

Si la mente es una cacofonía, el subconsciente es un teatro en silencio: he aquí a los actores de la mente consciente, los temores, los deseos, lo que debería y no debería hacer, pero todo reducido a tan mínimo elenco que reaparecen ataviados con un nuevo vestuario; aparecen como cifras, símbolos y distorsiones, todos señalando hacia la esencia de lo que soy, sea lo que sea eso. Sea lo que sea.

Propuestas y antipropuestas. Destripamientos del yo y juicios y miedo y rabia y arrepentimientos. La mente es una tirana: te dice lo que deberías y lo que no deberías haber hecho y no coincide nunca con lo que hiciste o dejaste de hacer. La mente es una ninja. Nada de todo esto es relevante cuando escribo porque entonces no aparecen los deberías o no deberías, ni siquiera asoma demasiado el yo. Parece que hay un centro neurálgico de conciencia, parece que hay unas manos que palpan el pequeño paisaje de letras que, de forma misteriosa, aprovechan lo que sucede en esa fantasmagórica conciencia.

Escribir me ha salvado la vida. Durante este último año, escribir ha sido lo mejor después de dormir. A veces incluso mejor que dormir. Me siento cuerda cuando escribo, mis nervios se relajan. Me siento cuerda, cuerda. Soy feliz. Cuando escribo, no sucede nada más, incluso aunque lo que escribo resulte ser malo. Parto de un abierto y escurridizo subconsciente informe al que podemos llamar «yo», que se define por no ser nada ni estar en ningún lugar, por ser tan solo el silencio en el que se mueven las formas. Y entonces aparecen las palabras. Palabras que embridan cosas. Surge el bienestar de lo organizado, de pastorear el caos, de no tratar de abolirlo, pero sí de pastorearlo hacia los márgenes, alejando el problema de la infinidad y la entropía. Creando la ilusión de lo completo. Y, de algún modo, empiezo a verme a mí misma ahí fuera, en las palabras que he creado, ahí fuera en sus múltiples mundos, fragmentada y libre.

Una noche me vino a la cabeza una frase que surgió de la nada: «proliferaciones del amor». No paro de repetírmela y no sé por qué, pero me parece la definición de la escritura. La mente lanza ideas y creencias con tal cantidad de permutaciones y configuraciones que estamos esclavizados por ella, por la producción de nuestras propias mentes. La mente es una cárcel. Y cuando escribimos, el ruido se destila y se transforma mediante la alquimia, y el yo encuentra una salida y creo que eso es el amor: la huida del yo del yo.

*

–¿Te quedas en la cama cuando estás desvelada?
–A veces me levanto, pero eso no ayuda. Me da rabia levantarme. No quiero levantarme, quiero dormir. En la sala de estar hay una araña enorme que

sale por las noches. No quiero estar en la sala con la araña enorme. Quiero dormir.

—No deberías permanecer en la cama despierta. ¿Has oído hablar de la higiene del sueño?

—Sí.

—La higiene del sueño consiste en conseguir que tu rutina de sueño sea lo más sosegada y regular posible, con horarios regulares de irse a la cama y de despertarse y nada de pantallas de ordenador ni móvil por la noche.

—Sí, he oído hablar de la higiene del sueño.

—Mantén el dormitorio a oscuras y en silencio.

—Todo eso está muy bien, pero mi dormitorio no está ni a oscuras ni en silencio. Vivo junto a una calle principal, hay una farola cuya luz entra en mi dormitorio, y hay tráfico.

—¿Has pensado en utilizar un antifaz?

—Tengo uno.

—Los antifaces pueden ser muy útiles. ¿Tapones para los oídos?

—¿Que si he pensado en ponerme tapones para los oídos?

—Si el ruido te molesta...

—Quizá ahí radique mi problema, en no haber pensado en los tapones para los oídos.

—Y también es importante no permanecer acostada despierta más de veinte minutos: la cama es solo para dormir y para las relaciones íntimas. No es para permanecer acostada despierta en ella. No cenes muy tarde, nada de alcohol ni de cafeína después del mediodía, deja de tomar azúcar, nada de ejercicio físico

140

a partir de las siete de la tarde, date un buen baño caliente antes de acostarte, pero que el agua no esté demasiado caliente y hazlo poco antes de irte a dormir, y mantén el dormitorio fresco y ventilado.

—Lo hago todo y no sirve de nada.

—Con el tiempo acabará funcionando.

—Con el tiempo no ha acabado funcionando. Siento que no hay modo de ayudarme.

—No hay nadie a quien no se pueda ayudar.

—Conmigo es imposible.

—No hay nadie a quien no se pueda ayudar.

*

Hace quince años, en Australia, un sintecho me agredió una noche mientras regresaba a casa sola: aquel hombre empezó a golpearme en la cabeza con un objeto no identificado y yo, cubriéndome la cabeza con las manos, gateé —ahora soy consciente de que aquello fue un error— hasta un hueco abierto que vi bajo unos arbustos. Cuando terminó de aporrearme, desapareció, y yo salí de debajo de los arbustos en dirección a una parada de taxis, el único lugar en el que podía pedir ayuda en aquella desierta ciudad de provincias.

Mientras esperaba la llegada de la ambulancia sentada en un banco, con la cabeza entre las manos, tenía las manos llenas de sangre muy roja que me caía por los tejanos a la altura de los muslos hasta empapármelos y también goteaba sobre mis zapatos de un modo que me resultaba incomprensible, porque la sangre procedía de la cabeza y había tal cantidad que lo lógico habría sido que estuviera muerta, aunque yo seguía viva.

Por la noche, quince años después, me fuerzo a recordar lo sucedido. La hipótesis es que si recuerdo algo objetivamente horrible y aterrador tal vez logre alejar mi mente de las abstracciones propias de la ansiedad y tal vez logre convencer a mi acelerado corazón de la buena suerte que tengo por estar a salvo de todo en la cama. Palparme las cicatrices que todavía tengo en la coronilla tal vez me anime a tomármelo con calma y evitar el impulso de ponerme a dar cabezazos contra la pared. Ya tengo el cráneo lo bastante dañado para el resto de mi vida. Ten cuidado con esa cabecita. Y lo mismo vale para la mano, cuyos huesos están unidos por un esqueleto metálico. Y tal vez si repaso esos recuerdos pueda dar con ello, con el origen del problema que quince años después reaparece en forma de insomnio. ¿Tal vez sea miedo a la oscuridad, una residual sensación de amenaza, la anticipación de un ataque que me hace mantenerme en guardia?

Pero no se produce ningún resultado. La cuestión evade toda tentativa de análisis. En lugar de eso, cada vez que la repaso mentalmente, la agresión resulta más lejana y menos interesante, una anécdota cualquiera. Y tanto es así que termino tachándola de batallita. En el hospital me ofrecieron asesoramiento, que yo acepté porque no tenía amigos en Australia y eso supondría tener compañía. Tienes que sentirte traumatizada, me dijeron, mientras contemplaban la mano rota y reconstruida y la cabeza vendada, y yo puse todo mi empeño en ello, pero al final tuve que admitir que no estaba traumatizada. Me preocupaba no poder volver a dibujar y pintar y no poder volver a jugar al tenis. Hasta ese momento debía de haber jugado a tenis unas cuatro veces en mi vida, de modo que parecía una preocupación más bien absurda.

Me siento, dije, me siento... Me siento vacía. Eso es normal, me dijeron. Sentirse vacía al principio forma parte del trauma. No, les dije, me siento... No vacía en ese sentido, sino vacía como si estuviera en blanco. Lo veo todo... blanco. Blanco.

Cada vez que desde entonces he pensado en aquella agresión, lo veo todo blanco. Esperaba que la experiencia se tornase gris o negra, pero a estas alturas ya he asumido que no sucederá. Lo asumí en el momento en que tuve que identificar al individuo entre un montón de fotografías que me mostraron y, para mi sorpresa, lo reconocí de inmediato. Fue entonces cuando dijeron que lo habían metido en la cárcel, pero yo estaba en blanco. No podía emitir un juicio sobre él, ni sentir aversión hacia él, ni hacia nada. Había en mí lo que supongo que se puede denominar un sentimiento universal de bondad. Un poco como lo que me sucedió una noche que me pasé en éxtasis contemplando con absoluto sosiego un arbusto. Todos los demás bailaban y yo permanecí sentada durante cinco horas en el pequeño puente de un jardín japonés en el sofocante calor de un mes de agosto, deseándole lo mejor al arbusto.

La sensación es blanca como un cielo cuya nube está iluminada desde atrás por un sol invisible y emite un blanco luminoso; no vacío. Te da un vuelco al estómago. Cálida, blanca, constante. No puede cuantificarse. Se niega a comprometer su blancura, a dispersarse o a explicarse. Hace mucho que dejé de intentar entenderlo. Desearle lo mejor solo expresa una parte. La única palabra que a mi modo de ver alcanza el núcleo de la cuestión es amor.

*

Una niña y un niño –primos– se mueven por el jardín trasero, se agazapan bajo el laurel para vigilar las líneas enemigas, se aburren tirando la pelota contra la pícea, ya no le encuentran la gracia a dejar gusanos sobre el suelo del patio esperando que aparezcan petirrojos, y hoy son incapaces de derribar una piedra colocada sobre un poste de la valla lanzando otra piedra desde una distancia de diez metros. Ya han correteado demasiadas veces por los caminitos cubiertos de hierba entre los parterres con verduras de su abuelo.

Juguemos a otra cosa, dicen, pero se han quedado sin ideas y catapultan a un par de caracoles por encima de la pared del jardín con tirachinas de avellano, pero lo hacen con cierta apatía y sintiendo pena por los pobres caracoles.

En ese momento, aparece un tipo vestido de negro con una guadaña y les dice: Os propongo un juego.

¿En serio?

Sí. No os explicaré ni las reglas ni el propósito, pero aun así tendréis que jugar y aceptar la persistente sensación de que estáis jugando mal –pese a carecer de reglas y propósito–, y cuando el juego se termine, los dos moriréis. ¿De acuerdo?

No, la verdad es que no estamos de acuerdo.

¿De acuerdo?

No, la verdad...

¡Bien! Adelante, chavales.

El tipo de negro se escabulle, y el niño y la niña, muy a su pesar, empiezan a jugar al juego que carece de reglas y propósito, porque no parecían tener otra opción. El cielo veraniego se tornó otoñal, y a continuación, invernal, y después mostró su cara primaveral y de nuevo la veraniega, y ellos iban jugando mientras se repetía una y otra vez el ciclo, hasta que, transcurridos varios años, las mentes de ambos, ya maduras, entendieron la idea de la muerte de un modo que sus mentes infantiles jamás habían hecho y al unísono se preguntaron: ¿Acaso fue la muerte quien nos visitó aquel día? Ahora, cuando lo recuerdo, estoy segura de que llevaba una guadaña...

Y el sol, desde lo alto, calentaba la mejilla marcada con una cicatriz del chico y calentaba las manos llenas de cicatrices de la chica y negaba la pregunta con toda su gloria.

Pasarían años hasta que el chico y la chica, con sus mentes ahora sabias, entendieran al sol al unísono y se dieran cuenta de que en esa ocasión no había sido del todo honesto con ellos, con su optimista calentamiento de mejillas y manos. ¿No estaba el sol a mitad de camino de su vida de diez billones de años? ¿No nos calentaba gracias al hidrógeno que ardía y a la fabricación de helio, acaso no terminaría quedándose en algún momento sin hidrógeno y entonces empezaría a contraerse y moriría?

¿No es en realidad su impetuosa afirmación de vida un dinámico proceso de muerte?, preguntó la chica.

Estoy cabreado y me siento engañado, dijo el chico. Pedaleó ciento diez kilómetros con su bicicleta.

*

Amor, amor, aflicción, todo mezclado, tu padrastro murió de forma repentina, demasiado joven, envuelto en dolor, tus dos abuelos, tu abuela, tu tío, tu primo, algunos amigos de amigos, algunos amigos de la familia, cinco perros, dos gatos, eso es todo, tienes suerte, suerte, dolor, amor, aflicción, vida, amor, pérdida, todo mezclado, los abortos que sufriste, dolor, buena parte de él físico, las Navidades bajo una manta, envuelta en ella como una niña.

Una niña, ni más ni menos, observando cómo cambia todo en una casa de campo en Stratford, todo frío, oscuro, con vigas y cubierto de paja. Un viaje escolar, nadie que hable del retorcimiento de las entrañas ni del golpeteo de la muerte. Un viaje escolar de muerte; aparecería en los periódicos locales. Después la sangre, la vergüenza y la compresa y el desconcierto de ser esa mañana una niña y de pronto convertirte en mujer. ¡No estoy preparada, no estoy preparada! Bajas en estampida por la escalera sin estar preparada, el televisor encendido, ves *Dallas* con rabia.

Dos docenas de años después, más sangre, la vida es sangre, sangre, sangre. La Navidad es una mancha gris. Sí, sufriste una pérdida. No estabas preparada. No es de extrañar. Nunca has sentido deseo de ser madre, no es de extrañar que todo se escurriera con tus dudas, con tus miedos. Rebosante de ego, no había espacio para un nuevo ego, siempre has tenido más necesidad de ser amada que de volcar tu amor hacia otro ser; «madre» es una palabra rara, suena a roca, no quieres ser una roca, sino más bien moverte, fluir o flotar, no quieres cargar a otro con el peso de la vida. Sientes el peso de la vida. A veces excesivo, insuficiente en otras ocasiones, con sus altos y bajos, con un aguijón en la cola. La muerte. No quieres crear y amar algo que morirá. Es así. Adelante, sigue escribiendo, consuélate con eso, con la infinidad de palabras, estás pilotando un avión, puedes inclinar el mundo.

Media docena de años después (contándolos como se cuentan los huevos), te das cuenta. ¡Una estafa! Todo, absolutamente todo. La propia pregunta era una estafa, una farsa. ¿Lo harás o no lo harás? ¿Podrás o no podrás? Sí-No. ¿Estás preparada o no? Una farsa, un quilombo, nunca hubo elección, nunca fue tu elección. ¿Qué crees que estaba sucediendo durante todo ese tiempo, con ese cuerpo tuyo, tus caderas, tu útero, tu sangre, qué crees que estaba pasando? Cada mes, durante tres docenas de años, preparándote para acoger una vida como quien hace las maletas para partir hacia una gran aventura.

Tú ves determinación, pero, en realidad, se trata de persistencia; una voz ha estado insistiendo durante treinta años. No, gracias, le respondes tú, pero no te lo estaba preguntando. ¡No, gracias! Aquí estás tú: una estampida de rabia. Aquí estás tú, una niña, ni más ni menos, ante el destino de la futura esposa de Shakespeare, ni más ni menos. Aquí estás tú, adulta, piloto de tu propia nave, lo-que-creías-que-era-tu-nave, bombardeando desde el aire, bombardeando con palabras; aquí estás tú, tal vez ese sea tu destino, tal vez tu destino no fuera reproducirte, sino de algún modo producirte a ti misma, hacerte valer a través de las palabras. ¿Tal vez por el hecho de que tu condición de mujer empezase en un lugar tan shakespeariano, tu destino eran las palabras y no los chupetes y los pañales y las mochilas escolares? No es un sentimiento elevado. Más bien una esperanza. Eres hija de un albañil que apenas sabe leer ni escribir. El primer libro que leyó fue el primer libro que escribiste; le costó todo un año de agobios leerlo. Los únicos otros libros que ha leído desde entonces han sido los otros libros que has escrito tú. Una lectura vacilante, apretando los dientes. Tú estás impresionada ante tal muestra de amor y él está orgulloso y asustado, orgulloso de que su hija sea capaz de escribir esas cosas y asustado porque no las entiende. No tiene ni idea de cómo te caló tan hondo la literatura, porque era más lógico que te llegaran los rebozados Findus y los platos con curry listos para calentar, tus lecturas de la bazofia del *Sun,* mientras tu padre buscaba la página de las tetas. ¿Cómo llegaste a escribir una novela y después cinco? Ahí estás tú, con doce años, en la cocina de Anne Hathaway, y de pronto todo cambia y se revela tu destino. Te haces mujer. La condición de mujer, la madurez, es para crear palabras, no para fabricar niños. Esa es la conclusión a la que has llegado.

148

Cinco novelas después. Piensas: ¿en qué estaba pensando? En palabras. ¡Palabras! ¿Toda esa sangre para llegar a las palabras? ¿No te diste cuenta? No es una elección. La maternidad no es una elección. Te elige ella a ti y fue entonces cuando aparecieron por primera vez tus dos cromosomas X, nada que ver con Shakespeare ni con el vuelco del destino. Fue entonces, hace trece años, cuando sucedió. Rechazaste una oferta irrechazable. Dejaste que tu cerebro decidiese sobre lo que tu cuerpo ya había decidido. No es culpa tuya. Nadie te prepara para eso.

Nunca has hecho lo que todos los demás hacen. Nunca has tenido móvil, tal vez tengas uno el día en que todos los demás hayan dado el salto a la telepatía. Nunca has podido comprar todo eso: el prestigio de la maternidad, el bombo, la floración, la leche materna, los cumpleaños, el aburrimiento, la aprobación de todos. Madre naturaleza, madre tierra, madre virgen de Jesucristo, madre de todos. Madre. Jamás te han importado nada todas esas ensoñaciones. Apártalas. No te preocupes por dar forma a tu vida, su forma es lo que queda, el espacio negativo formado por esta nueva creación. Conviértete en un espacio negativo, sé eclipsada por tu propia luz. Eso es lo que pensabas. Así que no lo hiciste.

También pensabas demasiado en la muerte, en morir, en marcharte o que se marcharan. Extrapolar del amor a las sobrinas (intenso y profundo) el amor por tu propio hijo (todavía más intenso y sin duda fiero e insoportablemente ardiente). Y después extrapolar del amor la pérdida, como suele pasar demasiado a menudo.

Piensas demasiado. La vida es dura. Un extraño regalo. A menudo un regalo nada amable. No tengo derecho a dar, a hacer semejante elección. No tengo derecho, pensaste. Y la vida te dijo: ¿Y entonces quién me lo dará? ¿Si tú no tienes derecho, entonces quién? Yo no tengo derecho, respondiste tú. Directa y testaruda como eres. Pasó el tiempo.

¿Qué harás entonces con lo que ha quedado después de bajar la marea? ¿Qué queda? Las palabras. El pasado, los cadáveres dispuestos en fila. Noches insomnes. Un perro que ladra. Un nogal indiferente al verano. Una niebla matutina. Un cielo blanco y resplandeciente, no vacío. Un sentimiento blanco. Un exceso de blanco, el doble beso de tu cromosoma femenino, infrautilizado, sobredividido, las olas de una marea baja.

Una elección, pensaste. ¿Lo tomas o lo dejas? No es culpa tuya, cómo ibas a saberlo. No puedes evitar lo que está genéticamente programado, no puedes esquivarte a ti misma. Observa. Tu propia marea está bajando. Lo que queda es un cielo blanco. Tan resplandeciente que parece estar iluminado desde detrás. ¿Qué vas a hacer ahora con todo eso? ¿Con ese blanco? A-falta-de-una-palabra-mejor-amor. Amor, aflicción, pérdida, amor, vida, amor, todo entremezclado. Irrechazable. Ahora. Hay tanto, tienes las manos llenas y no tienes suficientes lugares donde verter todo. Rechazaste lo irrechazable. Así que, ahora, ¿qué vas a hacer?

*

—¿Por qué no te perfumas la almohada con lavanda?
—Porque paso de la lavanda.
—No te hará ningún daño intentarlo.
—Tampoco me hará ningún daño frotarme con hojas secas de haya a la luz de la luna, pero la cuestión es si puede ayudarme.
—Lo más importante es mantener un espíritu positivo.
—¿En serio?
—Nada de dejarse arrastrar por pensamientos negativos. Puede parecer un cuento de viejas, pero una taza de leche caliente antes de dormir ayuda. Pequeñas cosas agradables, pequeños gestos amables contigo misma.
—¿Saltar desde la ventana de un piso alto cuenta como acto amable conmigo misma?
—¿Consideras que estas sesiones te están siendo de alguna ayuda?
—Sí.
—Pues en ese caso prueba con la lavanda. Y mantén una actitud positiva y centrada. Recuerda, nada de quedarte en la cama despierta. Levántate y haz algo que no requiera un gran esfuerzo mental. Vacía el lavaplatos. Ponte a planchar. O quizá te vaya bien hacer un puzle. Alguna cosa relajada y agradable. ¿De acuerdo?

*

No tengo ni lavaplatos ni plancha. Tenía una plancha, pero no sé adónde fue a parar.
Recuerdo de la Torre de Londres; una imposible cascada de amapolas que caen desde un árbol y so-

brepasan un muro hasta convertirse en un lago rojo. Detrás, un skyline de Londres ficticio. He pagado 4,99 libras por él en Save de Children, me parece bastante caro para tratarse de un puzle de una tienda de beneficencia, pero la inmensidad de rojo me ha cautivado. Me ha parecido un modo atractivo de pasar un montón de horas inútiles. Con una humilde y respetuosa fortaleza digna de algunas almas devotas –Margery Kempe o Julian de Norwich–, me he acomodado en el suelo de la sala de estar a las 2.30 de la madrugada con la parte posterior de un cuadro como tablero y he ido pescando entre las quinientas piezas para seleccionar las de los bordes. Los bordes rojos en este montón, los bordes entre gris azulado en este otro. Aunque está claro que no he logrado reunir suficientes piezas de los bordes, ni remotamente.

Recuerdo de la Torre de Londres es un puzle de madera con algunas piezas de formas peculiares, todas relacionadas con la guerra. Una pieza con forma de rifle. Otra con forma de soldado, y otra con forma de bota. Un casco. Una torre. Un caballo. Jamás pensé que mi vida acabaría consistiendo en colocar una pieza con forma de bota en la silueta del pepinillo de Foster a las 2.30 de la madrugada. Hay momentos de la vida que llegan como si no tuvieran nada que ver conmigo, como postales que caen sobre el felpudo. Me puedo ver a mí misma viviéndolas. Con toda su rareza y banalidad.

3 de la madrugada, 4 de la madrugada, una noche tras otra, el mar de amapolas va tomando forma, la noche pasa y me meto en la cama a las cinco o las seis. Me siento hundida. Pienso que el mundo es el foso de

los osos del zoo. Todos esos hombres muertos en las trincheras. Tenemos amapolas, pero seguimos yendo a la guerra. La siguiente noche, *Junto al Támesis,* una caja con dos puzles juntos: un cuadro penoso del Castillo de Windsor y otro cuadro igual de malo de Marlow, con un embarcadero, un puente y un arcoíris pasmosamente irreal sobre la iglesia. Cuando te pones a seleccionarlos, nunca encuentras suficientes piezas de los bordes. Pero no hay motivos para alarmarse: el personal de Save the Children cuenta las piezas de cada puzle donado para comprobar que no falta ninguna.

Con la luz tenue, la nieve cayendo en la oscuridad de la noche y la sala de estar a catorce grados, me emociona tanto mimo. Alguien se ha tomado la molestia de contar las piezas. Alguien que no cobra por ello ha contado las piezas para que nadie termine sintiéndose frustrado; de modo que habrá menos frustración en el mundo. Tal vez después de todo el mundo no sea el foso de los osos. Voy completando el chillón arcoíris, el capitel de la iglesia, el pretil del puente. Aparece Marlow.

*

Grandes puentes británicos. El gran concurso de repostería británica. El gran pueblo británico.

¡El gran pueblo británico ha hablado!

Nota gramatical: el «gran» de «Gran Bretaña» se refiere al conjunto de naciones que forman el país, del mismo modo que el Gran Manchester hace referencia al

153

conjunto de municipios metropolitanos que conforman la ciudad. En cuanto que aquí «gran» es un adjetivo, significa «incluyendo las áreas adyacentes» o «combinado» o «amplio», del mismo modo que en los casos de las Grandes Llanuras o la Gran Barrera de Coral, pero, últimamente, este adjetivo ha mutado sutilmente su sentido hacia un uso más subjetivo como «por encima de la media», «más importante», «muy bueno», «excelente».

Esta mutación de la palabra «gran» genera una sutil y tenue confusión, un pequeño juego con las palabras que parece inocuo. Y a partir de ahí se utiliza de un modo que evoca dos ideas muy particulares de nacionalidad: una que evoca un virtuosismo imperial –*Grandes puentes británicos, Grandes viajes en tren británicos*– y otro que evoca el espíritu de los tiempos de la guerra, una atractiva unión colectiva –*La gran repostería británica, El gran sastre británico, El gran reto de jardinería británico.* Todo esto es muy bonito: ¿por qué no celebrar nuestro ilustre pasado, por qué no unirnos? ¿Por qué no celebrarnos como un país de té y manteles a cuadros y banderitas y días de verano con sus dedaleras y un profundo y sensato conservadurismo? Los británicos unidos como un equipo. ¿Por qué no? Es lo bastante inocente y sin duda deberían permitirnos poseer y celebrar una identidad nacional.

Pero cambiar el significado de la palabra «gran» es pérfido. Propicia la línea editorial del *Daily Mail* sobre nuestra gran y antigua nación que suspira, paternal y nostálgica, superior, que garantiza el buen trato a sus sobrinas y sobrinos menos «grandes». Nunca está claro a qué se refiere exactamente «grande», a qué hazaña o cualidad. ¿Grande en qué? ¿Grande en qué sentido? Los ecos del concepto «Gran X británico» llevan en el mejor de los casos a relevancia, estatus u orgullo y, en el peor, a pomposidad.

Puede que no se trate de un nuevo uso del nombre de nuestro país, pero durante los últimos años se ha utilizado hasta el punto de convertirse en un titular, en una marca. Grandes Valores Británicos, el Gran Pueblo Británico. Son titulares propios de la retórica del gobierno de David Cameron, voceados a los cuatro vientos por la prensa de derechas; un artículo de *The Telegraph* después de las elecciones de 2015 que le dieron a Cameron una clara victoria llevaba el siguiente titular: ¿EL OTRO GANADOR DE LAS ELECCIONES? EL GRAN PUEBLO BRITÁNICO. (Visto *a posteriori*, el titular resulta todavía más absurdo de lo que ya era en su momento.) Aquí *gran* no va en mayúsculas: *The Telegraph* ni siquiera pretende que la palabra «gran» forme parte del nombre del país, Gran Bretaña, sino que no es más que un adjetivo que lo describe. El brillante pueblo británico. El superpueblo británico.

Todo esto me parece muy raro y muy sospechoso. ¿Quién dice que somos grandes? ¿Qué significa exactamente «grande»? Vuelvo a preguntarlo: ¿grandes en qué? ¿En ser británicos? ¿En votar lo que *The Telegraph* quería que votásemos? ¿Grandes desde cuándo? ¿Siempre hemos sido grandes o solo hace poco? ¿Todos nosotros? ¿O solo quienes votaron lo que *The Telegraph* quería que votásemos?

*

Estoy enojada con la muerte. Estoy enojada con la agricultura industrializada. Estoy enojada por esa familia de yemeníes que ha sido reducida a un número y se ha quedado sin casa por las estúpidas maquinaciones de la guerra y la política de machos alfa. Estoy enojada porque resulta que mi diputado, la persona que me representa en el Parlamento, es Jacob Rees-Mogg. Estoy enojada por la negligente repetición de los mismos errores históricos. Estoy enojada porque la misma semana en que Donald Trump se convirtió en líder mundial perdimos a Leonard Cohen, un cambalache que debió de hacer temblar de miedo al mismísimo diablo. Estoy enojada porque en mi ciudad nadie cumple con el límite de velocidad. Estoy enojada por la gran estafa nacional que es el Brexit. El robo de nuestros valores. El insulto a nuestra nacionalidad, en la que mediante un horrible engaño nuestra autoestima ha sido sustituida por arrogancia, nuestra tolerancia por superioridad, nuestra fuerza por mezquindad, nuestra natural inquietud por un miedo cerval. Dicen que la gente está enojada. Y la gente está devolviendo el golpe.

Es cierto: la gente está enojada. Esta persona está enojada. Y conozco el miedo. He visto más 4 de la madrugada en este último año de los que puedo contar y las 4 de la madrugada es una hora plagada de miedo. Un coche cruza nuestra ciudad a toda velocidad, se topa con un bache que hay delante de nuestra casa y pasa sobre él a tanta velocidad que nuestra cama tiembla y me despierto. Cabronazo, pienso. Apuesto a que votaste a favor de la salida de Europa. Quiero que a todos los coches con exceso de velocidad, a todos los todoterrenos que pasan por zonas con una velocidad autorizada de 30 km/h a 80 km/h con sus Cariñito 1 y Cariñito 2 en los asientos traseros y con Spencer el spaniel en el maletero, se les prohíba circular por mi ciudad, se les prohíba contaminar el aire que yo tengo que respirar. Creo que podríamos ceder Kent a los votantes pro-Brexit. Podrían fijar una frontera y dejarlos instalarse allí.

Esta idea me regala una inhabitual hora de sueño profundo.

*

6 de la madrugada:

La noche es otro planeta que se parece un poco al nuestro. Oscuro, por supuesto que es oscuro, pero la oscuridad es un centenar de cosas que poseen muchos grados, la oscuridad se desparrama alrededor de múltiples puntos de luz. El rectángulo de luz procedente de la calle que rodea la persiana. El reloj sobre el horno que me hace llorar cuando marca dolorosamente las 2.26, las 3.49, las 5.48. La luz led del artilugio casero para predecir el tiempo que colorea la cocina con tonalidades verdes y anaranjadas (indica que ahora hace frío y que mañana subirán las temperaturas). El piloto del estéreo. El piloto rojo parpadeante del monitor. El verde del cargador de batería. El cielo nocturno a través de las puertas acristaladas y, en ocasiones, la luna que tiñe de azul la sala de estar. Los diversos grados de negro del jardín a medida que va descendiendo la luna. El bulto distante de la colina que tenemos enfrente y los faros de los coches que se van apagando en un flujo continuo. La luz de un vehículo policial.

Hoy la luna se ha mostrado con una suntuosa tonalidad amarilla, en cuarto creciente y muy baja. Con Júpiter a su lado. Trato de localizarla en este amanecer de invierno y la veo en el otro extremo del cielo, más alta y más pequeña, pero todavía con un resplandor sorprendentemente intenso.

La mesa del jardín resalta con su blanco en el jardín; para el ojo entrenado, el haya roja es un gigante que está haciendo su reaparición. Imagino la hierba, los parterres y el arce japonés, pero no puedo verlos. ¿Está el jardín en la oscuridad o está la oscuridad en el jardín? ¿Es la oscuridad una apariencia? Un jardín oscuro, como un abrigo azul. ¿Es la oscuridad una condición? Un jardín oscuro como un mar gélido. ¿Es la oscuridad cuantificable? Un jardín oscuro como un vaso lleno. ¿Es la oscuridad una opinión? Un jardín oscuro como una suma difícil.

Sobreponiéndome al pánico y habiendo renunciado ya al sueño, me siento en el sofá y contemplo el nacimiento del día, paso a paso, como si fuera cayendo ceniza. Las cosas negras adquieren una difusa tonalidad gris. Y emergen en el jardín las cosas que conozco: el pavimento, los escalones, la hierba, el banco roto, la pila de ramas del avellano que hemos podado, las esculturas que he creado y nunca he terminado, el pequeño cerezo con sus banderitas para la oración. Un cuadrado de amarillo grisáceo, un cuadrado de rojo ceniciento.

Proliferaciones del amor.

Se ajusta los auriculares en el interior de los oídos. No, no le gustan esos artilugios con aspecto de audífono, pero ya no tiene edad para ponerse cascos, su hijo dice que con ellos parece gilipollas, lo cual, probablemente, sea cierto. Sigue teniendo un viejo reproductor MP3 que insiste en utilizar porque es sencillo y hace la única cosa concreta para la que fue diseñado, no como esos móviles que hacen doscientas cosas, ninguna de las cuales parece ser llamar por teléfono. Su hijo le ha puesto «Absolute Beginners» en el MP3, pero ya está. De ahí no pasa. De modo que escucha «Absolute Beginners» hasta seis veces yendo hacia el centro comercial.

El colmo de la ironía es que este hombre de cincuenta y dos años que se resiste a la tecnología se haya llevado el premio gordo de tres cajeros automáticos. Sí, el premio gordo. Una buena manera de decirlo, mucho mejor que decir «dinero robado», suena más inocente. Lo cierto es que no tiene ni idea de cómo lo han hecho, cómo un ordenador situado a varios kilómetros puede tomar el control del ordenador del cajero. Cuando James y él eran adolescentes, James ya hacía cosas con el Atari que compartían que escapaban a su comprensión y a su interés: programarlo, codificar tu propio juego.

159

Nunca ha entendido cómo James aprendió todo eso, de dónde sacaba esos conocimientos; desde luego, no sería de sus padres. James parecía llevarlo en los genes. Eso y el empuje para asumir riesgos, una suerte de aproximación desacomplejada a todo. *Te quiero con locura.* Le encanta este verso de la canción, lo adora. Su último acto de libertad, por decirlo de algún modo, fue ir con James a ver a Bowie a Berlín en 2002, cuando Gail estaba embarazada de su primer hijo, aquello fue como aterrizar en otro planeta por una noche. Cuando regresó a casa, no supo describirlo, así que no lo hizo. Pero después pensó que ojalá hubiera elegido «Absolute Beginners» como música mientras Gail avanzaba por el pasillo de la iglesia.

Imagínatelo, es perfecto. *Mientras estemos juntos, el resto se puede ir al infierno. Te quiero con locura, pero no somos más que principiantes.* Perfecto. Tal vez debería volver a casarse con ella tan solo para cumplir con su deseo. Aunque es más probable que el destino le depare el divorcio como no encuentre la alianza, o no el divorcio, sino algo peor, el silencio, la decepción, su sentencia de muerte de aplicación lenta y suave porque le ha fallado.

No va a encontrar el anillo. Ni siquiera sabe por qué demonios a vuelto a buscarlo, como si pudiera seguir allí tirado, cinco días después, junto al cajero. Ya en la misma entrada del centro comercial se da cuenta de que ha sido un error: la policía ha sellado el cajero y hay un cartel que no puede leer desde donde está, pero que debe de pedir la colaboración de posibles testigos, y al verlo vuelve a sentir ganas de vomitar.

Dile sin más que lo has perdido, piensa. ¿Qué puede pasar?

Lárgate, idiota. Vuelve a casa.

Ella mira un buen rato algo que debe de estar detrás de la oreja de él. Mucho rato. Él solo es consciente de su dedo anular, lo siente indecentemente desnudo, como aquel hombre en la playa de Dorset del verano pasado. Gail no pudo mirarlo y permaneció sentada, con la mirada hacia el frente, tirando de tanto en tanto algunas piedrecitas a sus propios pies. «¿Por qué no se está quieto de una vez?», preguntó. Y así era, ese hombre no se estaba quieto. Fue muy raro ver a un hombre en pelotas paseándose por la orilla. Por mucho que intentaras mirar hacia otro lado, era imposible no fijarse en lo que le colgaba entre las piernas. Resultaba raro, porque, en realidad, ¿a quién le importaba aquello? No era más que la polla de un viejo, pero, de algún modo, estaba por todos lados.

«Me gustaría que la encontrases», le dice ella. «Es nuestra alianza.» Baja la mirada un instante hacia sus propias manos, pero vuelve a alzarla para volver a mirar por detrás de la oreja de él. Con ojos llorosos. «En fin.» Se encoge de hombros. Su encogimiento de hombros parece decir: *adelante, fállame*. Se vuelve, se levanta de la cama y desaparece en el baño.

El problema, le ha dicho él, es que siempre me ha venido demasiado justa. Por eso tiene que quitársela cuando hace calor, porque teme que se le hinche el dedo y la alianza le corte la circulación. No se la quitó porque no la quiera, solo se la quitó por venirle un poco justa. Ha sido entonces cuando ella ha mirado más allá de la oreja de él. «Bueno, pues lo siento», ha dicho. «La próxima vez que me gaste todo lo que tengo en un regalo para ti seré más cuidadosa.»

Es ahí donde él le había fallado. No en el hecho de haber perdido la alianza –asunto que ella se había tomado bastante a buenas–, sino en que parecía haberle echado la culpa a ella de lo sucedido. Él sigue acostado en la cama. Oye cómo ella baja a la planta inferior y enciende el televisor; son las once pasadas. Él está a punto de seguirla y arreglar las cosas, pero de pronto se pone a pensar en el candelabro en la alacena de la sala de estar, que ni siquiera está a la vista, sino al fondo, detrás de unos salvamanteles sin estrenar y una caja con cola para papel de pared que nadie se acuerda nunca de trasladar al cobertizo. Él creyó que a Gail le gustaría ese candelabro. Cuando le contó que había pertenecido a su madre, ella intentó mostrarse agradecida, pero lo colocó en el fondo del armario casi como si no le gustara.

Te quiero con locura.

Ahí están, las palabras perfectas. Te quiero con locura. Durante un rato él escucha el zumbido medio comprensible del televisor, por si dan alguna noticia sobre su *premio gordo* del cajero.

«La policía cree haber encontrado pruebas relacionadas con el robo de un cajero en la Chequers Arcade el pasado martes.»

Pero parece el parloteo de una telecomedia.

Proliferaciones del amor. Promesas y confidencias y alianzas, largas noches en vela con los niños, años de entrega, dándolo todo. Años pegado a pantallas de vigilancia, él, Mul y Lenny, un cuarteto de pantallas, sin que pasara nada cuatro veces al mismo tiempo. *Mi marido trabaja en seguridad,* parece que ha dicho Gail, y es una frase que resulta al mismo tiempo tan insulsa y enigmática que la gente tiende a no seguir preguntando.

James le está lanzando una mirada de afable recriminación.

—¿Adónde has ido? —le pregunta.

—A ningún sitio.

—A ningún sitio —sonríe James—. Todo el mundo va siempre a ningún sitio.

—¿Qué quieres decir?

—¿Te has percatado de que si le preguntas a alguien adónde ha ido o en qué está pensando, la respuesta es siempre a ningún sitio, en nada? Y yo me lo creo, ese es el problema. Es triste que podamos hacer cualquier cosa con nuestros pensamientos y sin embargo no vayamos a ningún sitio ni hagamos nada.

Siente el impulso de responder: «De hecho, no es cierto que no estuviera en ningún sitio, ha-

bía ido a un sitio, estaba pensando en escapar.»
Pero no tiene claro si James está intentando po-
nerlo a prueba para que termine reconociendo
vete a saber qué. Además, le preocupa utilizar la
palabra escapar. ¿Era realmente en eso en lo que
estaba pensando?

–Quiero dar otro golpe –dice James, y remarca
la afirmación echando una cucharada de mermelada
en su bollo–. Tú y yo solos. Al final, si hay que re-
partirlo entre cinco, no queda nada, pero si solo hay
que partirlo entre dos, sí merece la pena.

Ahí está, justo ante sus ojos: el modo en que
James se come el bollo. El maldito y estúpido bollo. Se lo come como si fuera un maldito y estúpido bollo y al mismo tiempo fuera lo mejor que
pudiera comer la humanidad. Es como si cayera
en la cuenta de lo inútil que es todo en este mundo, excepto las cosas que dejan de ser inútiles en
cuanto son tocadas o devoradas por él.

–No –responde, igual que le respondió Mul a
él hace unos días–. Ni de coña.

James sigue comiendo. Así que él le repite:

–Ni de coña.

El local está lleno y hay mucho ruido, es uno
de esos locales pijos en los que la gente se emborra-
cha en la barra con pintas de cerveza rubia belga a
nueve libras, mientras que otros, como él y James, se sientan en sillas afelpadas ante mesas con
mantel blanco, rodeados de espejos deslustrados
a propósito y piden un servicio de té completo. A
treinta y cinco libras por cabeza es sin duda un

servicio de té completo. Al entrar se le escapó una carcajada y se acercó a la mesa de James, que, al verlo, se levantó y, sonriéndole como siempre, le dio el cariñoso abrazo de siempre.

–Ahora que ya tengo los conocimientos técnicos –dice James–, pienso sacarle partido.

–¿No crees que ya se lo has sacado?

–Venga ya. Piénsalo. Lo único que tienes que hacer es plantarte allí y dejar que el cajero vaya soltándote billetes en la mano hasta vaciarse. Eso es todo. Yo me encargo del resto, y después nos repartimos el botín al cincuenta por ciento.

–No puedo –dice él–. ¿Acaso me crees capaz de hacerlo? Tengo familia, por el amor de Dios.

En respuesta a lo cual James sirve más té para los dos con gesto pomposo, vertiéndolo desde bastante altura.

Mi marido trabaja en seguridad. Detesta la frase y desearía que Gail no la dijera. No formo parte del MI5, le ha dicho más de una vez. Vigilo mediante pantallas un bloque de oficinas por las noches. A veces vigilo el aparcamiento. Mul y Mary se inventaron hace tiempo una broma al respecto: Mary dice que Mul trabaja en inseguridad, pues los trabajos en seguridad no parecen durar más que unos pocos años; se recortan presupuestos y los guardias de seguridad son los primeros a los que despiden o su trabajo se externaliza. Se puede mirar las pantallas desde cualquier sitio. Pero Gail nunca ha tenido sentido del humor, al menos no ese sentido del humor, a ella jamás se le ocurriría un chiste semejante.

James se apoya en el respaldo y no dice nada. Tiene un rostro tan seductor: con su ligero bronceado, James es ese vecino no solo atractivo sino también buen tipo de mirada simpática imposible de impostar y que no pierde con el paso de los años. Se parece a su madre. Cada vez que ve a James, visualiza a la madre de ambos, y también lo contrario: visualiza su desaparición, si es que se puede visualizar una desaparición. Cuando ella desapareció, él tuvo que cuidar de James, porque James era ocho años menor, de modo que James –la extraña devoción que sienten uno por el otro– representa para él las mismas cosas que la desaparición de su madre. También es lo mismo que el candelabro y las copas de plata que su madre había heredado de sus padres y que limpiaba cada vez que su marido la agredía. Y que ella desapareciera, porque se hartó de recibir palizas, era la prueba de una parte de ella que James heredó y él no. James elude el conflicto o trata de no meterse en líos.

–¿Tienes algún escrúpulo sobre lo que hicimos? –le pregunta.

La respuesta de James es inmediata, pero meditada, como si ya hubiera reflexionado sobre el tema.

–No. Ni el más mínimo. Estamos estafando a los bancos. Bancos. Ellos nos estafan de manera sistemática. Nosotros, los contribuyentes, hemos acabado pagando por sus excesos cuando todo se desplomó y ellos han salido airosos sin sufrir un solo rasguño. Lo que nosotros les hacemos no es más que un pequeñísimo rasguño, y no, no es mucho, pero es mejor que nada.

–Sigo sin poder creerme que lo hayamos hecho. Que lo haya hecho.

–Hagámoslo de nuevo –le insiste James.

Tiene en la cabeza la imagen de Gail con la mirada no puesta en él sino en algo que había por detrás de su oreja. James lo mira de frente, siempre lo hace; sea lo que sea lo que haya hecho o no haya hecho, James siempre lo mira a los ojos.

¿Qué haría con otras quince o veinte mil libras? ¿Qué podría comprarles a Gail o a los niños que no tengan ya o que puedan disfrutar sin que cante? Gastar demasiado dinero empezaría a resultar sospechoso y la vida probablemente no sea tan larga como para ir gastándolo poco a poco. Acabaría falleciendo con una fortuna escondida en un trastero de un parque industrial y la empresa acabaría dando con el botín porque nadie sabría que lo guardaba allí. Se lo podría dejar a James, pero James no lo necesita. O podría darse a la fuga con ese dinero. Pero no lo haría. Aunque podría. De hecho, es lo único que podría hacer con tanto dinero.

Proliferaciones del amor, amor que en ocasiones parece servidumbre. Estos días cada vez se parece más a la servidumbre. No le gusta pensar en eso, no le gusta pensar en cuánto dinero le ha dado, y después está el tiempo y están esos cajeros y los estúpidos y monumentales riesgos que ha corrido y no ha hecho nada de eso pensando en él.

Ahora, de pronto, está pensando. Por algún motivo está pensando en colinas, no en montañas sino en suaves colinas y tormentas y en David Bowie sobre el escenario de Berlín con la melena ondeando al viento y en *Las mujeres de la Ferrara renacentista* y en un ritmo de batería y en billetes de veinte vomitados por un cajero automático y en su madre junto a la ventana de la sala de estar y en la sonrisa incontestable de James y ahí está James, delante de él, y al mirarlo siente que algo le recorre el cuerpo, un viento que abre multitud de puertas. Eso es lo que siente. Que todas sus puertas se han abierto de golpe.

Se dispone a hablar y sospecha que la palabra que saldrá de sus labios será sí. Sí. Lo haré, eso es lo que va a decir. Su mirada sigue a la de James, que está concentrada en la barra, donde dos policías están hablando con los camareros. De pronto, los policías se dan la vuelta y empiezan a escrutar el local. Lo que fuera que estaba recorriendo su cuerpo a toda velocidad sigue moviéndose y moviéndose. Se toca el anular en el punto donde llevaba la alianza y las puertas que se han abierto en él permanecen abiertas y algo en su interior sigue circulando y circulando de forma acelerada.

———————

7.30 de la madrugada:

En el suelo está la pila de ropa de ayer. La recojo. O, si las supersticiones que me dominan antes de

168

acostarme me han obligado a doblarla aunque sea sin grandes miramientos y guardarla en el armario, la vuelvo a sacar y la coloco sobre la cama. Me la pongo en el orden inverso al que me la saqué la noche anterior: sujetador, camiseta, tejanos y sudadera. Siempre hay algo insoportable en el proceso: el proceso de vestirse por la mañana después de una noche sin dormir, volver a ponerte las prendas que te quitaste la noche anterior cuando te embarcaste en el ritual de acostarte como si todavía confiaras en dormir. La pila de ropa es un reproche en toda regla. Diría que se mofa de mi inocencia perdida. Sí, sé que es una idea absurda, pero tiendo cada vez más a hacer esa asociación inconsciente entre inocencia y sueño.

Supongo que no es una asociación nueva; la creé al escribir la primera frase de mi novela: *Duermo el sueño de los ángeles.* Se da en la infancia: al niño dormido ni la consciencia ni el peso del mundo lo perturban, también en esos cuentos de hadas en que la gente duerme durante cien años o cae exánime por efecto de los pérfidos conjuros y pociones de otros; la leemos en Shakespeare, concretamente en el pasaje de *Romeo y Julieta* donde escribe: «allí donde se aloja la preocupación, jamás reinará el sueño» y en esta frase de *Macbeth:* «el sueño inocente, que teje sin cesar la maraña de las preocupaciones». «Bálsamo de las mentes heridas», lo llama. «Máximo alimentador de la fiesta de la vida.» Y ahí está la muerte, la definitiva rendición y el eterno descanso, el sueño sin sueño, la reconciliación, la derrota indulgente, el dejarlo ir todo. No importa cómo haya sido tu vida, siempre llega esta bendición final.

Sueño. Sueño. Como sucede con el dinero, solo se piensa en él cuando escasea. Y entonces no paras de pensar en él, y cuanto menos tienes, más piensas en él. Se convierte en el prisma a través del cual ves el mundo y no existe nada que no esté relacionado con él.

Vestida con la ropa de ayer, salgo de casa y recorro el camino que sube hacia Solsbury Hill con el corazón acelerado. La mañana es gris, pero no plomiza. La luz de enero no es como la de diciembre, ofrece ya un atisbo de esa claridad y amplitud que culminará en primavera. Los copos de nieve son pequeños actos de resistencia. Los cornejos tienen un color rojo vino. Las endrinas dan a los setos una tonalidad azul claro. Un azul bellísimo y sorprendente, un color que parecería reservado para el agua y el cielo, no se ven muchos más azules en la naturaleza. Del avellano cuelgan multitud de candelillas color ocre en una perfecta vertical, como si las hubiera creado una máquina de escribir. Las ramas de ese otro árbol, cuya especie desconozco, están cubiertas de líquenes que tienen su propia luminosidad interna. Un perro trata de mordisquearme la bufanda. El sol acaba de salir por detrás de la colina de enfrente, se está abriendo paso en el cielo grisáceo y por un momento la cima de la colina adquiere una tonalidad anaranjada. Casi de inmediato desaparece y rompo a llorar.

¿Qué se supone que debemos hacer con la vida? Hay tanto sufrimiento —el mío es un minúsculo puntito en una vasta extensión— y tantísima gente sufre mucho más que yo. ¿Qué es lo que nos hace mantenernos erguidos incluso cuando nos sentimos condenados? ¿Qué es lo que hace que sigamos poniendo un pie delante del otro o que contemplemos la mancha azul pálido de las endrinas y nos recuerde una verdad que ni siquiera tiene nombre? ¿Qué es? No soy yo. No soy yo quien decide subir la colina cada mañana, sino más bien algo irrefrenable a lo que tendremos que llamar vida, la propia vida, una fuerza que actúa con independencia de mi cerebro, mi cuerpo y mi mente. No sé qué es.

Subo hasta el punto más alto y contemplo la ciudad. Conozco y he recorrido cada palmo de esta ciudad. ¿Qué es lo que ahora me empuja hacia delante, hacia el mundo? Hay una banderita para la oración atada a las ramas de un árbol justo debajo de mí, igual que la banderita para la oración que tengo en casa. ¿Qué es lo que me impulsa a bajar por la colina, volver a casa y ponerme a escribir? ¿O lo que me impulsa a indagar por qué es poco habitual encontrar el azul en la naturaleza? ¿Qué es lo que desencadena las sinapsis que llamamos músculos para mover el cuerpo y seguir adelante? ¿Qué es lo que nos empuja a seguir intentando ser felices? ¿Qué es lo que se niega a aceptar la derrota?

*

Cura para el insomnio:

Elige un río, un lago, un océano o cualquier otra extensión de agua en un espacio abierto; una piscina servirá si el agua está lo bastante fría y es exterior. El aire libre es clave. Métete sin miramientos, con cualquier prenda, también lo puedes hacer desnuda si dispones de privacidad o no te importa que te vean. Métete en el agua. Si saltas o te sumerges es mejor, pero cualquier modo de introducirte es válido siempre que la cabeza se sumerja enseguida y de manera completa.

Nada, nada y nada. Nada contra las olas o contra la corriente si hay olas o corriente. Dejando que el agua envuelva tu cuerpo e inunde tu mente pensante, porque es la mente pensante la que está tan predeterminada por los pensamientos que olvida que hay cosas en el mundo que existen de forma inconsciente. Sumérgete cuantas más veces mejor en el agua inconsciente. Si el río es el Avon, el Frome, el Wye, el Tarn, el Lot, el Aveyron, tómate tu tiempo para contemplar el inconsciente paisaje de tu alrededor: los márgenes, los prados, los sauces, los peñascos, el barranco de piedra caliza, la playa arenosa del río, el saliente rocoso de granito, la ladera de la colina repleta de coníferas. Si emerge un pensamiento, sumerge la cabeza en el agua.

Nada, nada y nada. Nada con las olas o con la corriente, si hay olas o corriente. Dejando que el agua te envuelva como una fuerza que tira hacia arriba y hacia fuera, porque es la naturaleza de la mente pensante, que tira hacia abajo y hacia dentro, la que trae la recurrencia y la reiteración de la tristeza y el desequilibrio. En ese río inglés o francés o en ese pequeño lago de Wiltshire o en el inmenso Atlántico, contem-

172

pla el inmenso espacio, no tanto el espacio en sí, sino las cosas que hay en ese espacio y el hecho de que el espacio no ofrece resistencia ni entra en conflicto con nada de lo que hay en él. Ni tampoco la luz arbitra qué cosas deben caer y cuáles no. La luz cae y el espacio se despliega. Si emerge un pensamiento que es demasiado pequeño o que se vuelve hacia dentro, sumerge la cabeza en el agua.

El principio es válido para el lago y para la piscina, porque cuando mueves los brazos nadando braza o crol, debes notar cómo empujas el agua con las manos y ser consciente de que el agua, incluso aunque no haya corriente, te ofrece resistencia y tira de ti. Siente el ligero arrastre. Y, al dar una brazada, siente cómo el agua se desliza delante de tus manos. Siente el ligero empuje hacia delante. Porque es de sabios entender que a veces somos la causa y los provocadores de nuestras propias corrientes y mareas, que creamos en aguas tranquilas.

En el lago, siente la terrosa suavidad del agua, y en la piscina siente su frescura higienizada, y en el lago, contempla bajo el agua cómo emergen tus manos como si fueran manos fantasmales en el remolino de la brazada, para después evaporarse cuando finaliza la brazada, mientras que en la piscina tus manos son sacudidas de blanco eléctrico que dejan una estela de diamantes bajo la luz del sol. A la mente pensante, que sumerge su ancla en el pasado y el presente donde es imposible fijar ningún ancla, dile esto: nada es inamovible. Ni siquiera tus manos son las mismas manos de un día para otro.

Esta es la cura para el insomnio: nada es inamovible. Todo pasa, también el insomnio. Un día, cuando hayas acabado con él, perderá su asidero y desaparecerá, y tú te dejarás arrastrar cada noche por el sueño, sin acordarte de que hubo un tiempo en que eso te resultaba imposible.

*

El sueño de una ola enorme. Estoy en la orilla del mar con mi madre y llega una ola, y antes de que me dé cuenta, tiene la altura de dos casas una encima de la otra, así que las dos nos agarramos del brazo y abrimos la boca, pero no emitimos ningún sonido.

La ola se arquea sobre nosotras, y al curvarse su superficie interior se convierte en paneles de metal, de modo que ahora estamos en una enorme habitación abovedada que se resquebraja bajo el peso del agua, como un submarino. El enorme cilindro rodante pasa por encima de nosotras. Y cuando desaparece, nos alejamos caminando hacia el otro lado, secas, y salimos al aire libre.